1913 – oder das Ende der Menschheit

Florian Giese

1913 – oder das Ende der Menschheit

Countdown in die Krise des 20. Jahrhunderts

Impressum

Bibliografische Informationen der Deutschen Nationalbibliothek
Die Deutsche Nationalbibliothek verzeichnet diese Publikation in der
Deutschen Nationalbibliografie; detaillierte bibliografische Daten sind im
Internet über
http://dnb.d-nb.de abrufbar.

ISBN: 978-3-95894-000-0

Cover: Bundesarchiv, Bild 146-1972-099-12 / CC-BY-SA 3.0

Inhalt

Einleitung

Es gibt Jahre, die markieren so wichtige Einschnitte in der Geschichte, dass allein die Jahreszahl wie ein Fanal wirkt. Wer sie hört oder liest und sich nur ein wenig auskennt, der weiß sofort, worum es geht. Obwohl sich natürlich auch in diesen Jahren sehr viel mehr und auch sehr unterschiedliches ereignet hat, stehen sie heute nur noch für ein einziges, großes, alles andere überragendes Ereignis. Die deutsche Geschichte des 20. Jahrhunderts kann mit einigen solcher Jahreszahlen aufwarten: 1914, 1918, 1933, 1939, 1945, 1949, 1961, 1968, 1989, 1990 – sie alle stehen für epochale Ereignisse und Veränderungen. Am Ende des Jahres waren Land und Leute nicht mehr so wie zu seinem Beginn.

Das Jahr 1913 gehört nicht dazu. Es steht erst einmal nur für sich selbst. Es begann, dann passierte dieses und jenes, und schließlich ging es wieder zu Ende. Kein alles überragendes Ereignis, kein Epochenschnitt, keine große Zäsur. Ein langweiliges Jahr, könnte man meinen. Aber das stimmt nicht. Es kann auch gar nicht stimmen, denn komplett langweilige Jahre gibt es nicht. Das Interessante findet sich immer. Und dass es sich gerade auch für das Jahr 1913 finden lässt, ist spätestens seit dem erfolgreichen und lesenswerten Buch von Florian Illies über just dieses Jahr bewiesen.

Illies Idee zu diesem Buch war in gewisser Weise ein kleiner Geniestreich, denn jedem neunmalklugen Kenner der Materie war natürlich völlig klar, dass es über das Jahr 1914 – dem Jahr des Beginns des Ersten Weltkriegs – furchtbar viel zu erzählen gäbe, und dass man sich, der Logik runder Jubiläen folgend, in den Verlagen und Fernsehredaktionen akribisch darauf vorbereitete, im Jahr 2014 das Jahr 1914 ausgiebig zu würdigen. Aber 1913? Das hatte niemand auf der Rechnung. Und wie sollte man dem sensationsverwöhnten Publikum auch ein Jahr nahebringen, in dessen Verlauf weder ein Krieg begonnen oder beendet noch ein Staat gegründet oder aufgelöst noch eine Mauer gebaut oder geöffnet wurde? Illies zeigte jedoch, dass das geht.

Warum dann aber gerade 1913? Warum nicht 1912 oder, sagen wir, 1903 oder 1877? Nun ließen sich gewiss auch über 1903 oder 1877 interessante Dinge schreiben oder über jedes andere beliebige Jahr, das nicht so weit zurückliegt, das wir schlicht und ergreifend nichts mehr darüber wissen. Aber eine kleine Besonderheit hat das Jahr 1913 dann eben doch auf-zuweisen. Es liegt eben nicht irgendwo im Niemandsland einer gerade still vor sich hin dümpelnden und in sich ruhenden historischen Epoche, sondern geht, wie wir wissen, dem kommenden großen Knall unmittelbar voraus. Illies hat eben nicht mit der Schrotflinte irgendwo in die historische Pampas geschossen und dabei irgendein beliebiges Ziel getroffen. Er schoss haarscharf am eigentlichen Ziel der historischen Großwildjäger vorbei. Wie ein Schütze, der absichtlich ein paar Zentimeter daneben schießt und zeigt, dass dort auch etwas ist.

Umbrüche, Zäsuren, Epochenschnitte – das ist alles zweifellos interessant. Wir sehen dort scheinbar Festgefügtes einstürzen, Unbewegliches ins Wanken geraten und Menschen, die sich entweder hilfesuchend ducken oder mutig vorwärts ins Freie laufen. Das alles ist spannend. Aber wie ist es mit der Ruhe vor dem Sturm? Woraus zieht sie ihren Reiz? Einen Um-bruch wirklich verstehen kann man nur, wenn man weiß, was vorher gewesen ist. Die Behauptung, eine alte Welt sei untergegangen und eine neue entstanden, ist sinnlos, wenn man nicht zumindest eine ungefähre Vorstellung davon hat, was in der alten Welt anders war als in der neuen. Und die Perspektive aus der historischen Rückschau ist dabei sehr bequem. Bequemer zumal als die der Zeitgenossen.

Wenn wir auf das Jahr 1913 blicken, sehen wir Menschen, die aus ihren unterschiedlichen Lebenssituationen heraus versuchen, ihren Alltag zu meistern, ihre Probleme zu lösen und ihren Weg zu gehen. Nicht anders als wir dies heute auch tun. Aber der Blick auf ihr Treiben bringt uns ihnen gegenüber in eine ungeheuer überlegene, privilegierte Position, denn wir wissen bereits, was sie noch nicht wissen, dass nämlich ihr friedliches Leben bald ein jähes Ende nehmen wird, dass ein langer Krieg vor der Tür steht, der in seiner Heftigkeit bis dahin unbekannte Ausmaße annehmen wird, und dass mit dem Ende dieses Krieges die bestehende Ordnung zusammenbrechen und durch eine neue, in vielerlei Hinsicht andersartige Ordnung ersetzt werden wird. Eine Ordnung, die sehr viel mehr Dynamik, aber auch sehr viel mehr Instabilität und Unsicherheit mit sich bringt. Schließlich wird all dies in die Katstrophe des Nationalsozialismus und eines zweiten, noch gewalttätigeren Krieges münden, an dessen Ende die Spaltung der Welt in Ost und West stehen wird. Kaum jemand wird von all diesen Umbrüchen unberührt bleiben. Das Leben ganz vieler wird sich dramatisch verändern. Viele werden gewaltsam ums Leben kommen, manche werden einen dramatischen Aufstieg und manche einen dramatischen Abstieg erleben, manche auch zuerst das eine und dann das andere. Und 1913 ist das letzte noch weitgehend „normale" und friedvolle Jahr, bevor all diese Umbrüche beginnen.

Es stimmt, dass der Krieg 1914 nicht ganz überraschend kam. Dass es zwischen den Groß-mächten früher oder später zum Knall kommen würde, hatten viele vorausgesehen und manche sogar herbeigesehnt. Zu stark und unüberwindlich erschienen die Spannungen, zu gegensätzlich die unterschiedlichen Interessen und viel zu gering der Wille, zurückzustecken und sich friedlich zu einigen. Schon mehrfach hatte es in den vergangenen Jahren so aus-gesehen, als könne es mit dem Krieg möglicherweise sehr schnell losgehen. Man könnte also sagen, der Krieg sei erwartet worden. Das stimmt in gewisser Weise, und doch stimmt es nicht. Ein Krieg war tatsächlich erwartet worden, aber nicht dieser Krieg. Erwartet worden war zumindest in Deutschland ein kurzer und vor allem siegreicher Krieg. Dass der Krieg vier Jahre dauern und mit einem politischen Zusammenbruch enden würde, ahnte man nicht. Nur wenige dürften die Hellsichtigkeit des britischen Außenministers Edward Grey besessen haben, der Anfang August 1914 seinen berühmten Satz gesagt haben soll „In ganz Europa gehen die Lampen aus, und wir werden sie in unserem Leben nie wieder leuchten sehen."

Der Krieg war kein Naturereignis. Er wurde von Menschen gemacht. Menschen, die in der Rückschau mitunter den Eindruck erwecken, als hätten sie geradezu vorsätzlich auf die kommende Katastrophe zugesteuert, hätten alles dafür getan, dass das grausige Massaker endlich beginnt. So lesen sich viele Ereignisse der deutschen Politik des Jahres 1913 so, als seien sie nur ein Präludium für 1914, seien quasi schon unmittelbare Kriegsvorbereitung oder Symptom einer aufkommenden Kriegsstimmung in der Bevölkerung. Ob es die Hochrüstung zur See ist, mit der man Großbritannien immer wieder düpierte, oder die Verdächtigungen gegen die Bevölkerung im Elsass, der man eine frankophile Gesinnung unterstellte – immer wieder finden wir Motive, die die Kriegskonstellation des nächsten Jahres in etwas anderer Gestalt schon vorwegzunehmen scheinen, und die nach Kriegsbeginn in gewandelter Form wieder auftauchen. Dennoch sollte man sich hüten, die Dinge allzu sehr von ihrem Ende her zu betrachten. Dass es 1914 tatsächlich zum Krieg kommen würde, wurde 1913 von einigen wichtigen Persönlichkeiten zwar schon gedacht oder vielleicht sogar geplant, war aber noch nicht entschieden. Noch gab es unterschiedliche Wege, die man beschreiten konnte, und auch eine friedliche Entwicklung war immer noch möglich. Neben denjenigen, die einen Krieg wollten oder es zumindest auf ihn ankommen ließen, gab es immer noch jene, die

ihn nicht wollten und sich gegen ihn stellten, und ihr letzt-
endliches Scheitern war keineswegs zwangsläufig.

Und dennoch: Wir sind befangen in unserer Sicht der Dinge
und können uns nicht frei machen von unserem Wissen
darüber, dass wir es hier im Jahre 1913 mit einer unterge-
henden Welt zu tun haben. Wenn auch das Jahr 1913 selbst
noch keinen Umbruch bringt, so wissen wir doch, dass der
Umbruch bald schon kommen wird, und wir blicken auf die
Menschen von damals, die es nicht wissen. Das ist in mehr-
facher Hinsicht interessant, zumal große Umbrüche zwar
schnellen Wandel herbeiführen, Altes hinwegfegen und
dem Neuen zum Durch-bruch verhelfen. Aber oft ist das
Neue, das zum Durchbruch gelangt, in der alten Gesellschaft bereits angelegt gewesen und hatte sich im Rahmen
der bestehenden Möglichkeiten schon bis zu einem gewissen Punkt entwickelt. Die Frage also, wie viel Moderne
schon in der Vorkriegszeit steckt, ist spannend, und auch
hier hat ja Florian Illies gerade für das Jahr 1913 eindrucks-
voll demonstriert, dass dies durchaus mehr ist, als man
gemeinhin denken mag. So bestechen die Exkursionen in
das Jahr 1913 mitunter gerade dadurch, wie nahe uns doch
so vieles von dem ist, von dem wir immerhin durch ein
Jahrhundert, zwei Weltkriege und vier politische Umbrüche
getrennt sind.

Das vorliegende Buch bietet keine geschlossene Darstellung. Die Darstellungsweise ist vielmehr episodenhaft und
bietet Schlaglichter auf wichtige Ereignisse des Jahres 1913,
wo-bei Vorgeschichte und Nachwirkung berücksichtigt

werden, es also nicht bei einer sturen Betrachtung allein des Zeitraums von Januar bis Dezember 1913 bleibt. Der Auswahl haftet zweifellos immer etwas Subjektives an. Gewiss hätte man hier oder da auch anders auswählen, einen Teil hinzufügen oder einen anderen weglassen können. Gesucht habe ich immer einerseits nach dem Zeittypischen und andererseits nach dem, was über die Zeit hinausweist und für die weitere Entwicklung besonders relevant wurde. Insofern haben sicherlich auch hier schon bei der Auswahl und Darstellung der Themen die Perspektive aus der historischen Rückschau und das Wissen um die spätere Entwicklung hin zum Ersten Weltkrieg eine gewisse Rolle gespielt.

Der Schwerpunkt der Schilderung liegt dabei bewusst bei den politischen Ereignissen, konkret bei den Ereignissen in Deutschland, sodass in erster Linie eine politisch-historische Dar-stellung von Vorgängen im Kaiserreich im Jahr 1913 entsteht. Anderes wurde nicht gänzlich weggelassen, aber nur berücksichtigt, sofern es von besonderer politischer Bedeutung er-schien, wie insbesondere die gewaltsamen Vorgänge auf dem Balkan, die die europäischen Großmächte damals in kaum lösbare Konflikte stürzten. Die deutsche Politik wird vor allem in Hinblick auf Wilhelm II. und die Reichsleitung unter Kanzler Bethmann Hollweg unter die Lupe genommen. Auch hier wird immer wieder die Frage in den Vordergrund rücken, inwieweit schon 1913 bestimmte Weichen gestellt wurden, die im Juli 1914 schließlich in den Abgrund führten. Wichtigste Grundlage hierfür bildete die hervorragende Biographie Wilhelms II. von John C. G. Röhl, die außerordentlich aufschlussreiche und interessante Einblicke in Strukturen und Denkweisen der Berliner Politik jener Zeit ermöglicht.

Die verschiedenen deutschen Parteien des Jahres 1913 werden uns demgegenüber hier allenfalls am Rande begegnen. Insbesondere die SPD tritt gelegentlich auf den Plan, bildete sie doch seit den Wahlen vom Januar 1912 die stärkste Fraktion im Reichstag und avancierte damit nun endgültig zu einem Gegenspieler, den die Reichsleitung ernst nehmen musste, auch wenn das überkommene politische System, das eine parlamentarische Regierungswei-se nicht vorsah, dafür sorgte, dass es den Sozialdemokraten nicht möglich wurde, ihre neue Stärke im Reichstag in entsprechenden politischen Einfluss umzumünzen. Gerade über die SPD im Jahr 1913 ließe sich vieles hinzufügen, zumal ihr langjähriger Vorsitzender August Bebel am 13. August starb und die Wahl seines Nachfolgers Friedrich Ebert im September 1913 einen Generationswechsel an der Parteispitze bedeutete, der zugleich einen wichtigen Eckpunkt in der Geschichte der SPD markiert. Die mir zur Verfügung stehende Zeit hat es aber leider nicht erlaubt, den thematischen Rahmen des Buches noch weiter zu stecken, sodass ich darauf verzichtet habe, mich mit den Parteien der damaligen Zeit im Einzelnen zu beschäftigen.

Noch ein Wort zum Konzept dieses Buches. Es ist chronologisch nach Monaten gegliedert und stellt in diesem Rahmen verschiedene Ereignisse des Jahres 1913 episodenhaft dar. Dieses Konzept ist nicht neu. Es folgt ganz dem Konzept des bereits erwähnten Buchs von Florian Illies über das Jahr 1913, nur durchbrochen durch drei ein wenig anders strukturierte Kapitel am Anfang. Man könnte ihm also nicht ganz zu Unrecht vorwerfen, eine Nachahmung zu sein. Ein solcher Vorwurf wäre kaum zu bestreiten. Was also habe ich zu meiner Verteidigung vorzubringen? Zunächst einmal, dass nur nachgeahmt wird, was offenbar gut war, und dass in der Nachahmung insofern vor allem auch die Anerkennung liegt, dass hier jemand eine Idee gehabt hat, die es wert ist, nachgeahmt zu werden, da die Nachahmung trotz der Wiederholung, die zwangsläufig in ihr liegt, offenbar besser erscheint als eine schlechtere Neukonzeption. Ich bin mir allerdings nicht ganz sicher, ob dieses Argument als Rechtfertigung für Nachahmungen taugt, zumal für Nachahmungen ausgesprochener Erfolgsbücher. Besser erscheint mir jedoch – zumindest aus meiner eigenen, ganz persönlichen Perspektive – mein zweites Argument, denn bekanntlich ist es bei einer Missetat immer gut, wenn man jemanden hat, den man als den eigentlich Schuldigen ausmachen kann. Und den habe ich. Die Idee zu diesem Buch ist nämlich ursprünglich nicht von mir, sondern vom Verleger des Vergangenheitsverlages, Herrn Alexander Schug, ausgegangen, der sie freundlicherweise an mich herangetragen hat. Ihm allein also gebühren das Verdienst und die Ehre, den Impuls zu diesem Buch gegeben zu haben, ohne den es zweifellos nicht geschrieben worden wäre. Und ihm allein gebührt insofern auch die Schmach, bei Florian Illies in Hinblick auf das Grundkonzept des Buches gnadenlos abgekupfert zu haben oder mich zumindest dazu angestiftet zu haben. Ich selbst wasche meine Hände natürlich in Unschuld.

Einen auffallenden Unterschied zum Konzept von Florian Illies gibt es allerdings. Sein Buch setzt sich insbesondere mit kulturgeschichtlichen Episoden des Jahres 1913 auseinander. Im Gegensatz dazu wird es im hier vorliegenden Buch – wie schon gesagt – in erster Linie um politische Ereignisse gehen. Daraus könnte man nun einen fundamentalen Unterschied im theoretischen Grundansatz ableiten. Man könnte argumentieren, wie unzureichend ein rein kulturhistorischer Zugang zur Vergangenheit ist, und wie wichtig es demgegenüber ist, die politikgeschichtliche Komponente hochzuhalten und die Relevanz von politischen Entscheidungen für den Verlauf von Geschichte herauszustellen. All dies könnte man in der Tat tun. Ich will es aber nicht tun. Ich habe das Buch von Florian Illies mit Interesse und Gewinn gelesen. Vieles war mir durchaus neu und sehr lesenswert. Da es sich ja nicht an irgendeine Fachwelt, sondern an ein breites Publikum richtete, hat es durch seinen erstaunlichen Erfolg auch seine Mission durchaus mehr als erfüllt. Und dass es politische Ereignisse in seiner Darstellung weitestgehend außer Acht gelassen hat, bietet die willkommene Gelegenheit, hierzu etwas nachzuliefern. Wenn dabei zugleich auch die politische Vorgeschichte des Ersten Weltkriegs ein Stück weit zur Geltung gebracht werden würde, wäre das ein sehr gewünschtes Ergebnis. Doch auch dieses Buch richtet sich nicht an eine Fachwelt, und neben der Darbietung interessanter Analyse und Information soll es zugleich – und das nicht zuletzt – auch etwas anderes bieten, und das ist eine möglichst gute Unterhaltung.

Ich widme dieses Buch meiner Mutter, die sehr krank war, als ich es schrieb. Oft saß ich neben ihr und schrieb – zunächst, als es ihr noch ganz gut ging, und dann, als es schlechter wurde. Die Texte in diesem Buch erinnern mich an diese Zeit. Als klar wurde, dass meine Mutter nur noch sehr kurze Zeit leben würde, beendete ich das Schreiben. Die Prioritäten waren nun andere geworden. Jetzt, wo das Manuskript erscheint, ist sie schon nicht mehr hier. Die Freude des Schreibens und die Trauer des Abschieds verbinden sich für mich in diesem Text.

Neujahr 1913

Am 1. Januar 1913 schrieb der bekannte liberale Politiker und Theologe Friedrich Naumann im *Berliner Tageblatt*: „Es rollt auch die Geschichte der Menschen weiter und fließt über einen Neujahrstag hinweg wie das Wasser über die runden kleinen Steine. Man schaut ein paar Augenblicke von der Arbeit auf, legt Werkzeug, Nadel oder Feder auf den Tisch und nickt sich zu: Glückliches neues Jahr! Prosit, prosit! Dann aber ist man sofort wieder im Getriebe, denn alle Menschen sind jetzt eilig. Sie wollen ihr Leben auskosten, wollen viel thun, verdienen und genießen. Das durchschnittliche Leben wird, wie uns die Statistik sagt, länger als es früher war, seine Verlängerung wird aber nicht in Ruhepausen angelegt. Es ist, als flögen wir davon."

Das Europa der gekrönten Häupter, die vordemokratische Welt des Adels, der dynastischen Verbindungen, der höfischen Kultur, der Satisfaktion und des Duellierens, der standesgemäßen und unstandesgemäßen Verbindungen – kurz das, was man später das „alte Europa" nennen sollte –, es existierte noch immer. Die „Urkatastrophe des 20. Jahrhunderts", der Erste Weltkrieg, der all dies hinwegfegen würde, stand noch bevor. Die Moderne aber, die Zeit der Massengesellschaft, der Industriekultur, der Welt der Arbeiter und Angestellten, in der der einzelne wie ein Rädchen im Getriebe erschien und zugleich sein Leben auskosten, „verdienen und genießen" wollte, wie Naumann schrieb, die Zeit, in der die Menschen mit der Uhr in der Hand durch die großen Städte eilten und im Massenverkehr von Termin zu Termin hetzten, diese Zeit hatte schon längst begonnen. Das Alte war noch nicht vergangen, das Neue aber schon da.

*

Einen Tag nach den Betrachtungen Naumanns berichtete das *Berliner Tageblatt* über den Neujahrstag in der Reichshauptstadt. „Nach alter Sitte wurde gestern die Neujahrsfeier im Schlosse begangen", vermeldete es unter der Rubrik „Lokales und Vermischtes". „Gegen 8 Uhr morgens wurden auf dem Königlichen Schlosse die Kaiserstandarte, die Königsstandarte und die brandenburgische Flagge gehißt. Das Trompetenkorps des 2. Garde-Dragoner-Regiments blies von der Galerie der Schloßkuppel den Choral ‚Lobe den Herrn'."

Weiter wusste das Blatt zu berichten: „Der Kaiser und die Kaiserin waren um 8½ Uhr im Automobil vom Neuen Palais abgefahren und trafen gegen 9½ Uhr im Berliner Schloß ein." Dort fand nun die Neujahrszeremonie statt: „Der Kaiser und die Kaiserin traten vor die Stufen des Thrones, dessen zwei Sessel von Leibpagen flankiert wurden, die Prinzen traten rechts, die Prinzessinnen links neben den Thronhimmel, und während Märsche und Polonaisen ertönten und die Leibbatterie des 1. Gardefeldartillerieregiments im Lustgarten einen Salut von 101 Schuß abfeuerten, begann die Gratulationsdefiliercour. Dem Reichskanzler reichte der Kaiser dabei die Hand, ebenso dem Reichstagspräsidenten Kaempf, dem Herrenhauspräsidenten v. Wedel und dem Präsidenten des Abgeordnetenhauses Grafen Schwerin-Löwitz."

Später wurde die Zeremonie auf der anderen Seite der Linden fortgesetzt: „Um 12½ Uhr ging der Kaiser, der das Band des Schwarzen Adlerordens über dem Mantel trug, gefolgt von seinen sechs Söhnen und den Herren des Hauptquartiers, zu Fuß nach dem Zeughaus hinüber. Das Zeppelinluftschiff ‚Hansa' überflog den Lustgarten." Es folgten – allerdings erst zur Mittagszeit – eine Frühstückstafel und schließlich ein Treffen des Kaisers mit den Botschaftern. Die monarchische Welt war hier noch in Ordnung. Alles war noch so wie in der guten alten Zeit. Zumindest gab man sich diesen Anschein. Nur das Auto, mit dem der Kaiser von Potsdam nach Berlin herangerauscht war, hatten seine Vorfahren natürlich noch nicht gehabt. Und erst recht kein Zeppelinluftschiff „Hansa". Wilhelm II. war ein Traditionalist, aber die moderne Technik faszinierte ihn.

Darüber hinaus forderte der Wandel der Zeiten nur hier und da seinen Tribut. Dass der König von Preußen zum Neujahrstag einen Parlamentspräsidenten empfing, hätte es unter Friedrich dem Großen und auch noch unter Friedrich Wilhelm IV., der die Vertreter der Nationalversammlung von 1848 zwar empfangen, ihr Ansinnen aber, ihn zu einem demokratisch gewählten „Kaiser der Deutschen" zu machen, strikt abgelehnt hatte, natürlich nicht gegeben. In der alten Zeit gab es keine Parlamente, und das war auch gut so, wie der Kaiser meinte, denn eine solche demokratische Quasselbude, wie es sie nun mit dem Reichstag gab, war eigentlich ganz unnötig. Das preußische Abgeordnetenhaus immerhin war nicht ganz so demokratisch, denn es wurde nach Dreiklassenwahlrecht gewählt. Auch daran aber wurde von den demokratischen Parteien seit Jahren, ja eigentlich schon seit Jahrzehnten, herumgemäkelt. Dabei sollten sie doch zufrieden sein, immerhin hatte es bis 1848 überhaupt kein preußisches Abgeordnetenhaus gegeben. Die alten Zeiten waren eben doch besser gewesen!

25 Jahre Regentschaft Wilhelms II.

Der Kaiser verband das Jahr 1913 mit einem Datum, das für ihn persönlich sehr wichtig war. Es war das Jahr seines fünfundzwanzigjährigen Thronjubiläums. Ein Vierteljahrhundert war es nun her, dass zuerst sein Großvater Wilhelm I. und kurz darauf auch sein Vater Friedrich III., der nur ganze 99 Tage und schon schwer vom Kehlkopfkrebs gezeichnet auf dem Thron gesessen hatte, gestorben waren. Erst 29 Jahre alt war Wilhelm gewesen, als er beiden gefolgt und Deutscher Kaiser und König von Preußen geworden war. Nun stand er kurz vor seinem 54. Geburtstag. Damals, als er den Thron bestiegen hatte, war noch der alte Bismarck im Amt gewesen, der schon in Wilhelms Kindertagen preußischer Ministerpräsident gewesen war – zu einer Zeit, in der Deutschland noch in unzählige Kleinstaaten zerteilt und zerfasert war.

Nach der Reichsgründung von 1871 war Bismarck Reichskanzler geworden und hatte unter Wilhelms Großvater, der nun nicht mehr nur König von Preußen, sondern auch Deutscher Kaiser war, eine solche Machtfülle erreicht, dass nicht der Kaiser, sondern der Kanzler der eigentliche Herr im neuen Reich zu sein schien. So sehr Wilhelm II. seinen verstorbenen Großvater auch verehrte, er nannte ihn „Wilhelm den Großen", und so gut er auch selbst in seiner Kronprinzenzeit mit Bismarck zusammengearbeitet hatte – mit dieser verkehrten Welt hatte er nach seiner Thronbesteigung Schluss gemacht. Immerhin noch fast zwei Jahre hatte er Bismarcks Selbstherrlichkeit und Überheblichkeit mitangesehen, dann hatte er ihn entlassen und die Zügel selbst in die Hand genommen. Von nun an hatte er keinen Zweifel mehr daran aufkommen lassen, dass er, der Kaiser, den Ton im Reich angab, und nicht irgendwelche Politiker. Bismarcks Nachfolger Caprivi hatte denn auch nicht einmal annähernd die Machtfülle seines Vorgängers erhalten und war auch nur ganze vier Jahre im Amt geblieben. Das persönliche Regiment Kaiser Wilhelms II. hatte begonnen. Schließlich hatten auch die Ahnen des Kaisers, der Soldatenkönig Friedrich Wilhelm I. und Friedrich der Große, die starken Preußenkönige des 19. Jahrhunderts, die Fäden der Macht stets selbst in der Hand behalten. Und an der Stellung des Monarchen an der Spitze des Staates hatte sich seitdem nichts Grundlegendes geändert.

So sah es jedenfalls Wilhelm, und er hielt an dieser Ansicht fest, obwohl er dafür nicht gerade übermäßig viel Beifall erhielt. Ganz im Gegenteil. Immer wieder musste er sich in der Öffentlichkeit vorhalten lassen, seine Auffassungen seien überholt und nicht mehr zeitgemäß. In einer modernen Monarchie kämen dem Monarchen vor allem repräsentative Aufgaben zu, während er sich aus der Tagespolitik besser heraushalten solle. Wilhelm sah das ganz anders. Als Deutscher Kaiser, als derjenige, den die Vorsehung Gottes an die Spitze des deutschen Volkes gestellt hatte, hatte er sich natürlich mit voller Kraft um die Politik des Reiches zu kümmern – wer sollte ihm dies auch verwehren? Und natürlich äußerte er sich auch öffentlich darüber, wie er die politischen Fragen der Zeit beurteilte, wie er sie sah, einschätzte und bewertete. Das war doch klar.

In der Vergangenheit hatte ihm dieser Anspruch schon sehr viel Ärger eingebracht. Vor gut vier Jahren, Ende Oktober 1908, war es darüber sogar zu einer schweren politischen Krise im Reich gekommen. In einem Interview mit dem *Daily Telegraph* hatte sich Wilhelm gegenüber Großbritannien so anbiedernd und zugleich so prahlerisch und überheblich geäußert, dass es der deutschen Öffentlichkeit unendlich unangenehm und peinlich gewesen war. Er sei ein Freund Englands, obwohl er damit zu einer Minderheit in Deutschland gehöre, hatte der Kaiser erklärt. Immer wieder habe er die Engländer seiner Freundschaft versichert, sie aber benähmen sich wir irre und hielten an ihrem Misstrauen fest. Das stelle seine Geduld auf eine harte Probe, und er empfinde dies als persönliche Kränkung. Die Wende im Burenkrieg im Jahr 1900, so hatte er im Interview mehr als nur angedeutet, hatten die Briten eigentlich nur ihm und seiner heimlichen Unterstützung zu verdanken. Sogar die siegreiche britische Kriegsführung sei offenbar auf einen von ihm persönlich entwickelten Schlachtplan zurückzuführen, den er seiner geliebten Großmutter, der britischen Königin Viktoria, heimlich zugesandt habe. Russland und Frankreich dagegen, die sich offiziell als Bündnispartner Englands gaben, hatten hinter dem Rücken der Briten versucht, ihn für eine gemeinsame Politik gegen London zu gewinnen. Sie hatten die Buren unterstützen und England in den Staub demütigen wollen. Auf so etwas aber hatte sich der Deutsche Kaiser natürlich nicht eingelassen, sondern London sofort über den Vorgang informiert. Und über die Aufrüstung der deutschen Flotte, die man in London als so bedrohlich empfand, würden die Briten eines Tages vielleicht sogar froh sein, wenn sie möglicherweise einmal zusammen mit den Deutschen gegen Japan oder China vorgehen würden.

Diese Anmaßungen und Indiskretionen waren dem deutschen Publikum so sehr auf den Magen geschlagen, dass zwischenzeitlich sogar die Tage von Wilhelms Herrschaft gezählt zu sein schienen. In einem einzigen Interview hatte der Kaiser nicht nur Großbritannien, sondern zugleich auch Frankreich, Russland, Japan und China düpiert. Der Schaden für die deutsche Außenpolitik war kaum zu überschätzen. Im Reichstag waren die Parteien daraufhin allesamt über ihren Souverän regelrecht hergefallen. Sogar Reichskanzler von Bülow hatte sich öffentlich von ihm distanziert. Dabei hatte Wilhelm doch – ganz wie es die Verfassung verlangte – das Interview vor der Veröffentlichung an den Reichskanzler geschickt, und der hatte es für unbedenklich gehalten und an Wilhelm zurückgesandt, so dass dieser es freigegeben hatte. Im Nachhinein hatte sich indes herausgestellt, dass von Bülow, wie er nun zumindest behauptete, den Text gar nicht gelesen, sondern ihn nur – entgegen der ausdrücklichen Anweisung des Kaisers – an das Auswärtige Amt weitergeleitet hatte, wo man lediglich oberflächlich drübergesehen und nichts Wesentliches zu beanstanden gehabt hatte. Nun tat der Kanzler so, als habe er mit dem ganzen Desaster nichts zu tun. Und nicht nur das. In einem quälenden Gespräch mit dem Kaiser zählte er jetzt dessen zahlreiche Verfehlungen und missglückten Äußerungen in den vorangegangenen Jahren auf und deutete mehr oder weniger verklausuliert an, dass Majestät gegenüber der Presse doch künftig am besten den Mund halten mögen.

Für Wilhelm war all das schwer zu ertragen gewesen. Er hatte es doch nur gut gemeint, hatte die deutsch-britischen Beziehungen ernsthaft verbessern wollen, an denen ihm doch ehrlich und aufrichtig gelegen war. Dann aber hatte er wie ein abgemeierter Schuljunge dagestanden, als ein unberechenbarer und peinlicher Faktor der deutschen Außenpolitik, ja sogar als Sicherheitsrisiko. Die Parteipolitiker im Reichstag, diese Hundskerle und Affen, hatten ihre Tiraden gegen ihn losgelassen. Und die Journalisten, diese Tintenkleckser, hatten ihn in der Presse runtergeschrieben. Am schlimmsten an all dem aber war vielleicht, dass er vor seinem Volk, das ihn doch aufrichtig liebte und verehrte, der Lächerlichkeit preisgegeben worden war. Von diesem Schlag hatte er sich lange nicht erholen können. Er war in Depressionen verfallen, hatte sich tagelang zurückgezogen, ins Bett gelegt, Baldrian geschluckt und niemanden mehr sehen wollen. Und er hatte ganz ernsthaft über Abdankung nachgedacht und schon mit seinem ältesten Sohn, dem Kronprinzen Wilhelm, darüber gesprochen, der ihm dann auf den Thron gefolgt wäre. Eine furchtbare Zeit war das!

All das lag nun schon wieder vier Jahre zurück. Die Zeit war darüber hinweggegangen, die Wogen hatten sich geglättet, und er war auf dem Thron geblieben. Dem Reichskanzler aber hatte er sein Verhalten in der Affäre nicht vergessen. Ausgerechnet von Bülow, der ehedem so treue Diener Seiner Majestät, sein Bülowchen, hatte ihm diesen Verrat angetan! Als von Bülow im Juni 1909 – ein halbes Jahr nach der Daily-Telegraph-Affäre – mit seiner Reichsfinanzreform im Reichstag gescheitert war, war dies die willkommene Gelegenheit, den unverschämten und treuelosen Kerl endlich loszuwerden. Nur einen geeigneten Nachfolger hatte Wilhelm noch finden müssen. Das allerdings war nicht gerade einfach gewesen. Die Suche hatte sich hingezogen. Etliche Aspiranten waren in Betracht gezogen und dann wieder fallengelassen worden. Einer kam aus diesem, ein anderer aus jenem Grund nicht infrage. Mehrere Kandidaten hatten abgesagt. Und so ging es weiter. Schließlich kam Wilhelm auf einen Vorschlag zurück, den der entlassene von Bülow selbst gemacht hatte: sein Stellvertreter, der Staatsekretär des Innern Theobald von Bethmann Hollweg sollte neuer Reichskanzler werden!

Als Staatssekretär des Innern hatte Bethmann Hollweg zweieinhalb Jahre an der Spitze des Reichsamts des Innern gestanden. Über ihm kam niemanden mehr in dieser wichtigen Behörde, denn einen Reichsminister des Innern gab es nicht. Es gab überhaupt keine Minister auf Reichsebene, sondern nur Staatssekretäre, so wie es auch keine Reichsministerien gab, sondern nur Reichsämter, und keine Reichsregierung, sondern nur die Reichsleitung. Minister, Ministerien und Regierungen gab es nur auf der Ebene der Länder. Bismarck hatte dies in der Reichsverfassung absichtlich so angelegt, denn die Verwaltung des Reiches sollte nicht allzu stark werden – zumindest nicht stärker als die Verwaltung Preußens, des mit Abstand größten und mächtigsten Landes innerhalb des neuen Reiches. Reichsverwaltung und preußische Staatsverwaltung waren eng miteinander verflochten. Der Reichskanzler, der zugleich auch preußischer Ministerpräsident war, sollte vom Kaiser, der zugleich auch König von Preußen war, abhängig bleiben. Die Staatssekretäre des Reiches wiederum sollten abhängig bleiben vom Kanzler. Eine zu mächtige Reichsverwaltung hätte dieses Abhängigkeitsgeflecht möglicherweise infrage gestellt. Gleichzeitig stand für Bismarck zu befürchten, dass eine Reichsregierung mit verantwortlichen Ministern irgendwann einmal von einem erstarkten Reichstag abhängig werden könnte. Solange er selbst, der Junker und Ur-Preuße, Reichskanzler war, standen die besondere Stellung Preußens und die nicht-parlamentarische Regierungsform im Reiche nicht infrage. Doch auch seine Nachfolger sollten an diesen Grundpfeilern der Reichsverfassung nicht rütteln können.

Und dennoch: in den rund vierzig Jahren seit der Reichsgründung war die Reichsverwaltung immer größer und einflussreicher geworden, und obwohl ihre Spitze noch immer nicht so heißen durfte, war doch klar, dass es sich bei der Reichsleitung im Grunde um eine Regierung auf Reichsebene handelte. Eine solche Reichregierung hatte mittlerweile auch ihren Schrecken verloren – auch aus preußischer Sicht, zumindest weitgehend. Das Reich war noch immer preußisch geprägt, aber Preußen war auch ein Stück weit im Reich aufgegangen. Und irgendwie war das ja auch gut so. Die „innere Einheit" – um einen Begriff der heutigen Zeit zu nutzen – war der staatlichen Einheit von 1871 sehr bald gefolgt. Die landsmannschaftlichen Bindungen der Deutschen waren gewiss immer noch sehr stark, die Identifikation mit dem Reich inzwischen aber ebenfalls sehr hoch. Als Bethmann Hollweg im Juli 1909 Reichskanzler wurde, hätten sich die weitaus meisten Deutschen kaum noch vorstellen können, auf das Reich zugunsten der Länder zu verzichten.

Ursprünglich hatte Wilhelm eine Reichskanzlerschaft Bethmann Hollwegs eigentlich abgelehnt, hatte den hochgewachsenen Juristen und Verwaltungsbeamten für einen überheblichen Schulmeister und Dickschädel gehalten, mit dem man nicht arbeiten könne. Doch dann hatte die Suche nach einem geeigneten Kandidaten immer länger gedauert, und schließlich hatte Wilhelm die Geduld verloren und sich mangels Alternativen dann doch für Bethmann Hollweg entschieden. Überraschenderweise hatte sich der liberale Brandenburger aus Hohenfinow, der das Amt des Reichskanzlers beileibe nicht angestrebt hatte, bald als Glücksgriff erwiesen. Man konnte doch mit ihm arbeiten wie sich zeigte, und das sogar sehr gut. Er war aufrichtig, loyal, gewissenhaft, vornehm, selbstbewusst und zugleich umgänglich. Und er war in doppelter Hinsicht ein Mann des Ausgleichs. Zum einen war er selbst recht ausgeglichen, zum anderen bemühte er sich um Ausgleich mit anderen sowohl in der Innen- als auch in der Außenpolitik. Sogar mit den Sozialdemokraten konnte er gut. Seine Kanzlerschaft befand sich nun, im Januar 1913, schon in ihrem vierten Jahr, und noch immer machte Bethmann Hollweg seine Sache recht anständig.

Allerdings: dass die Zusammenarbeit zwischen Kaiser und Kanzler seit der Entlassung von Bülows wieder besser geworden war, hatte nicht nur mit der Person Bethmann Hollwegs, sondern wohl auch mit Wilhelm selbst zu tun. Auch er hatte sein Verhalten geändert. Die Daily-Telegraph-Affäre und die massive öffentliche Kritik an seinem persönlichen Regiment waren nicht spurlos am Kaiser vorübergegangen. Natürlich blieb er weiterhin der Souverän, der sich seine Führungsrolle im Reich nicht streitig machen ließ. So etwas Schreckliches wie die Zeit nach seinem Daily-Telegraph-Interview wollte er aber nie wieder erleben. Vielleicht war es also doch ganz gut und ratsam, sich im Vergleich zu früheren Jahren ein wenig zurückzunehmen. Zumindest bis auf weiteres.

Nur in einem Punkt, der dem Kaiser allerdings sehr wichtig war, gab es für ihn einen ernsthaften Grund zur Klage über den Kanzler: die Flottenbaupolitik, mit der Wilhelm der starken Marine Großbritanniens Paroli bieten wollte, wollte Bethmann Hollweg einfach nicht mitmachen. Für Wilhelm war klar: der Kanzler hatte Angst vor den Briten! Der Kaiser selbst war hingegen – ganz im Gegensatz zu dem, was er noch vor vier Jahren im Daily-Telegraph-Interview gesagt hatte – inzwischen zu dem Schluss gekommen, dass die Briten die eigentlichen Hauptfeinde Deutschlands in der Welt waren. Immer wieder hatte er um ihre Freundschaft gebuhlt, und immer wieder hatte man ihn auf der Insel abblitzen lassen! Nun war sein Geduldsfaden gerissen, hatte er erkannt, dass das perfide Albion nicht durch Diplomatie und Freundlichkeit, sondern nur durch Macht und Stärke beeindruckt werden konnte. In seiner Hassliebe gegenüber Großbritannien hatte der Hass die Oberhand über die Liebe gewonnen, so enttäuscht war er von den britischen Vettern!

Bethmann Hollweg dagegen teilte diese neue Erkenntnis des Kaisers offenbar nicht, bemühte sich immer noch um Freundschaft mit den Briten und wandte sich entschieden gegen das Wettrüsten zur See. Obwohl er ansonsten riesig anständig war, wie Wilhelm meinte, war und blieb der Kanzler eben letztlich doch ein Zivilist. Schon vor über einem Jahr war er deswegen mit dem Staatssekretär des Reichsmarineamts Großadmiral Alfred von Tirpitz aneinander geraten, dem glühendsten Anhänger und Verfechter der Flottenrüstung. Als Staatssekretär im Reichsmarineamt war von Tirpitz Mitglied im Kabinett Bethmann Hollwegs und dem Reichskanzler eigentlich untergeordnet. Tatsächlich aber schien er in der Auseinandersetzung mit dem Kanzler am längeren Hebel zu sitzen, zumal er mit dem Flottenbauprogramm das absolute Lieblingsprojekt Seiner Majestät unter sich hatte. Gleichwohl war es Bethmann Hollweg mehrfach gelungen, den Kaiser dazu zu bewegen, die entsprechende Gesetzesnovelle zumindest aufzuschieben, um London nicht zu sehr zu provozieren. Im November 1911 aber hatte von Tirpitz den Kaiser von der Dringlichkeit des Flottenbaus so sehr überzeugt, dass der Kanzler mit seinen Bedenken kaum noch etwas ausrichten konnte.

Hintergrund dieses Sinneswandels war die große nationale Aufwallung, die die Zweite Marokkokrise in Deutschland ausgelöst hatte. Deutsche Nationalisten und Industrielle wünschten sich ein deutsches Südmarokko, das dem Reich Zugriff auf die dortigen Bodenschätze gesichert hätte. Nachdem Frankreich im Mai 1911 in Marokko einmarschiert war, hatte der Staatssekretär des Auswärtigen Amtes Kiderlen-Wächter das Kanonenboot *Panther* an die marokkanische Küste nach Agadir entsandt, um auf diese Weise Paris einzuschüchtern und die deutschen Ansprüche in Afrika zu unterstreichen. Doch sehr zum Verdruss der Deutschen hatte sich Großbritannien als Reaktion auf diesen „Panthersprung nach Agadir" auf die Seite Frankreichs geschlagen, sodass man in Paris keinerlei Notwendigkeit mehr sah, auf die deutschen Forderungen einzugehen. In einer harschen Rede hatte der britische Schatzkanzler David Lloyd George zudem klargestellt, dass Großbritannien nicht bereit wäre, Frieden zu wahren, wenn es seine vitalen Interessen verletzt sähe. Dies war eine klare Warnung an Berlin, die man in Deutschland als schallende Ohrfeige empfand. Im Reich machten sich Kriegsgelüste breit. In der Reichsleitung aber war man sich bewusst, dass man einen Krieg, der gleichzeitig gegen Frankreich und Großbritannien geführt werden musste, nicht wagen konnte. Zumindest noch nicht.

In der deutschen Öffentlichkeit hatte all dies zu Wut und Hass gegen Paris und London geführt, zugleich aber auch zu gewaltiger Unzufriedenheit mit der eigenen Führung, die gegen die schwere nationale Demütigung durch die beiden Nachbarn nichts auszurichten wusste. Diese Stimmung sei genau der richtige Moment, so hatte von Tirpitz argumentiert, die Verstärkung der Kriegsflotte endlich ins Werk zu setzen. Die Parteien im Reichstag, die sich unter normalen Umständen von einem solchen Vorhaben angesichts der hiermit verbundenen immensen Kosten nur schwer hätten überzeugen lassen, würden nun gewiss keinen Widerstand mehr leisten, und zugleich würde man der nationalen Aufwallung im Volk ein Ventil schaffen. Der Kaiser hatte sich dieser Argumentation des Großadmirals nur allzu gern angeschlossen, hatte er doch schon lange genug davon, sein Lieblingsprojekt aus Rücksicht auf die undankbaren Briten immer wieder hinauszuschieben. Angesichts dieser Konstellation hatte Bethmann Hollweg zwar noch einige Abstriche an den großen Flottenbauplänen Seiner Majestät erreichen, ansonsten aber nur noch entweder zähneknirschend mitmachen oder sein Amt als Reichskanzler aufgeben können. Er hatte sich fürs Zähneknirschen entschieden.

Der Kaiser und das Jahr 1912

Wenn Wilhelm am Neujahrstag 1913 auf das vergangene Jahr zurückblickte, konnte er nur hoffen, dass das neue Jahr besser werden würde als das alte. Das alte hatte schon denkbar schlecht angefangen. Bei den Reichstagswahlen am 12. Januar 1912 war die SPD mit 34,8 % der Stimmen deutlich stärkste Partei vor dem Zentrum mit 16,4 %, den Nationalliberalen mit 13,6 %, der Fortschrittlichen Volkspartei mit 12,3 % und der Deutschkonservativen Partei mit 8,5 % geworden. Schlimmer hätte es kaum kommen können! Aufgrund des Mehrheitswahlsystems, das die Wähler in den ländlichen Gebieten begünstigte, fiel die Mandatsverteilung zwar nicht ganz so stark zugunsten der SPD aus, aber mit 110 von 397 Sitzen bildete sie jetzt dennoch erstmalig die stärkste Fraktion.

Das war mehr als misslich, denn keine andere Partei im Reichstag stand Kaiser und Reich so kritisch und distanziert gegenüber wie die Sozialdemokraten, und wohl auch keine andere würde sich gerade beim Flottenausbau, den der Kaiser ja jetzt endlich auf den Weg bringen wollte, so sehr querstellen. Dabei hatte es doch noch wenige Monate zuvor nach einem ganz anderen Wahlausgang ausgesehen. Die große nationale Aufwallung in der Marokkokrise hatte nahegelegt, dass die nationalistischen Kräfte Auftrieb erhalten würden. Nun aber hatten die „vaterlandslosen Gesellen" von der SPD den Wahlsieg errungen, die doch bisher noch nie stärkste Fraktion im Reichstag gewesen waren.

Noch bei den vorangegangen Wahlen im Januar 1907, bei der der ganze Wahlkampf vom Kolonialkrieg in Deutsch-Südwestafrika bestimmt gewesen war, hatte die nationalistisch aufgeheizte Stimmung den Sozialdemokraten, die der Reichsleitung im Kampf gegen die Hereros und Nama die Unterstützung versagt hatten, noch erhebliche Stimmanteile gekostet. Der scheinbar unaufhaltsame Aufstieg der SPD war durch diese „Hottentottenwahl" gebremst worden. Fünf Jahre später aber, im Januar 1912, waren die Sozialdemokraten schon wieder obenauf – trotz der nationalen Erregung über Marokko. Die Bedeutung der Wut der Deutschen auf Briten und Franzosen für die politische Stimmungslage im Reich war offenbar überschätzt worden. Der Wunsch nach Revanche mag groß gewesen sein, wichtiger für die Wähler waren aber offenbar die sozialen Probleme des Reiches, das unter stark steigenden Lebensmittelpreisen litt. Billiges Fleisch und Brot hatte die SPD im Wahlkampf gefordert, Schutzzölle für Junker und Großagrarier kritisiert, die sie für die Preisanstiege verantwortlich machte, und von einer „Hungerwahl" gesprochen. Die Wähler hatten es goutiert.

Dem unerfreulichen Wahlausgang war ein unerfreuliches Nachspiel gefolgt, das zugleich ein unheilvolles Präludium für die kommende Wahlperiode zu sein schien. Obwohl die SPD nun stärkste Fraktion im Reichstag war, war ihr Vorsitzender August Bebel bei der Wahl zum Reichstagspräsidenten durchgefallen. Stattdessen war Peter Spahn vom Zentrum gewählt worden. Zumindest das Amt eines Vizepräsidenten wollte man der stärksten Fraktion aber nicht vorenthalten, sodass der SPD-Abgeordnete Philipp Scheidemann in diese Position gewählt wurde. Der wiederum weigerte sich nun, als Mitglied des neuen Reichstagspräsidiums zu Hofe zu gehen, also den üblichen Antrittsbesuch beim Kaiser zu machen. Als das Reichstagspräsidium daraufhin beschloss, ohne Scheidemann zum Kaiser zu gehen, lehnte der wiederum ab. Wilhelm wollte das Präsidium nur entweder ganz oder gar nicht empfangen. Damit war der Vorgang endgültig zur Farce geworden. Er endete schließlich damit, dass das Präsidium komplett neu gewählt wurde – diesmal mit Johannes Kaempf von der Fortschrittlichen Volkspartei als Reichstagspräsidenten und wieder ganz ohne Sozialdemokraten.

Der absurde Vorgang war in gewisser Weise symptomatisch für das Verhältnis zwischen den alten Eliten des Reiches und der Sozialdemokratie. Dass sich zwischen dem traditionsbewussten Kaiser und der stets revolutionär tönenden Sozialdemokratie jemals so etwas wie eine herzliche Freundschaft entwickeln würde, war nie wirklich zu erwarten gewesen, und es kam ja auch nie dazu. Gleichwohl war das Verhältnis auch nicht ganz so eindimensional und schlecht wie man meinen könnte. Vor allem in den ersten Jahren nach seiner Thronbesteigung war Wilhelm auf die Sozialdemokraten zugegangen und hatte die von Bismarck geforderte Verlängerung des Sozialistengesetzes abgelehnt. Die politische Integration der Arbeiterklasse in sein Reich hätte sich der Kaiser durchaus gewünscht. Doch es war wie so oft bei Wilhelm II.: Idealistischen, aber unrealistischen und übertriebenen Hoffnungen folgten tiefe Enttäuschung und gegenläufige Anschauungen.

Umgekehrt hatten auch die Sozialdemokraten im Laufe der Jahre und Jahrzehnte seit der Reichsgründung manche Vorbehalte gegen das „System" und seine Vertreter abgelegt, hatten die Erfahrung gemacht, dass durch parlamentarische Arbeit selbst unter den nicht-parlamentarischen Bedingungen des Kaiserreichs mehr erreicht werden konnte, als nach ihrer eigenen revolutionären Lehre eigentlich hätte möglich sein dürfen. Gleichwohl gelangten auch sie über eine gewisse Schwelle der Annäherung nicht hinüber. Selbst jetzt nicht, als sie stärkste Fraktion im Reichstag geworden waren. Gewiss, in der Klassengesellschaft des Kaiserreiches hatten sie immer wieder erfahren müssen, dass der Vierte Stand noch immer ganz unten angesiedelt war in der sozialen Hierarchie. Aber gerade dann, wenn sich zeigte, dass das Vertrauen, das das Bürgertum der Arbeiterklasse entgegenbrachte, deutlich gestiegen war und sich alte Feindschaften vielleicht überwinden ließen, waren sie es häufig selbst, die wieder auf Distanz gingen. Ihre revolutionären Ideale gaben ihnen Halt und Orientierung, aber sie standen auch einem eigenen Wandel im Wege, der den Wandel der wilhelminischen Gesellschaft hätte rezipieren können.

Sebastian Haffner beschrieb es so: die Sozialdemokraten standen vor den Herrschaftsinstitutionen des Deutschen Reiches wie der Mann vor dem Tor in Franz Kafkas Legende *Vor dem Gesetz*. Der Türhüter wies sie immer wieder zurück, bis das Tor eines Tages für immer geschlossen wurde und das Reich unterging – obwohl es doch eigentlich wie für sie geschaffen gewesen war. Draußen vor dem Tor aber hatten sie es sich in all den Jahren ziemlich gemütlich gemacht, sich fast schon häuslich niedergelassen. Sie waren also nicht nur abgewiesen worden, sondern hatten eigentlich zuletzt auch gar kein Interesse mehr daran gehabt, noch hindurchgelassen zu werden.

*

Durch den Ausgang der Wahlen vom Januar 1912 war die Zusammenarbeit mit dem Reichstag nicht gerade einfacher geworden. Ein weiteres Aufschieben des Flottenbaus kam für den Kaiser aber nicht infrage. In seiner Thronrede zur Eröffnung der neuen Legislaturperiode am 7. Februar 1912 kündigte er an, die Flottengesetze von 1900 und 1906 zu novellieren und die deutsche Kriegsflotte weiter aufzurüsten. Die Meinungsverschiedenheiten in seinem Umfeld gingen Anfang 1912 unterdessen so weiter wie sie Ende 1911 aufgehört hatten: Tirpitz trat beim Flottenbau aufs Gas, Bethmann Hollweg auf die Bremse. Kanzler und Staatssekretär machten es dem Kaiser wahrlich nicht leicht: Als sich Wilhelm auf die Seite des Großadmirals stellte, drohte der Kanzler mit Rücktritt. Als Wilhelm daraufhin den Kanzler unterstützte, kam prompt eine Rücktrittsdrohung des Großadmirals. Letztlich blieben dann aber doch beide im Amt. Dass Wilhelm selbst dabei viel stärker zur Seite des harten Flottenlobbyisten Tirpitz als zu der des vorsichtigen und zögerlichen Kanzlers neigte, war kein Geheimnis.

Dennoch schien sich die Position Bethmann Hollwegs zwischenzeitlich wieder zu stärken. Der britische Kriegsminister Lord Haldane kam nach Berlin, um Möglichkeiten einer deutsch-britischen Verständigung zu sondieren. Während der Kaiser große Hoffnungen in diese Sondierungen setzte, versuchte Tirpitz, Sand ins Getriebe zu streuen. Wilhelm nannte seine Bedingungen: Wenn die Briten ihre europäische Gleichgewichtspolitik aufgeben, ihr Bündnis mit Frankreich und Russland beenden und einer deutschen Hegemonie auf dem europäischen Kontinent zumindest neutral gegenüberstehen würden, dann, ja dann, so ließ er verlauten, könnte er wohl auch ernsthaft über eine Verlangsamung der deutschen Flottenrüstung nachdenken. In London aber konnte man solch maßlosen Wünschen des Kaisers, die letztlich auf die Aufgabe aller grundlegenden Prinzipien der britischen Außenpolitik hinausliefen, nichts abgewinnen. Die Verhandlungen scheiterten, und den großen Hoffnungen des Kaisers folgte – wieder einmal – eine noch größere Enttäuschung. Die Flottennovelle wurde nun in den Reichstag eingebracht und im Mai 1912 verabschiedet – gegen die Stimmen der SPD, aber doch mit klarer Mehrheit.

Auch wenn die Reichsleitung nicht müde wurde, den defensiven Charakter der deutschen Kriegsflotte zu betonen, so war doch klar, dass man mit der Flottennovelle die Gefahr erheblich erhöht hatte, früher oder später in einen Seekrieg mit England zu geraten. Doch in der militärischen Führung des Reiches war man mittlerweile geneigt, diese Gefahr in Kauf zu nehmen. Dies erschien allenthalben besser, als mit Rücksicht auf die Briten den Flottenausbau weiter zu verzögern. Die entscheidende Frage lautete jetzt also nur noch, wann genau denn nun der Krieg mit den Briten beginnen würde, wenn er denn tatsächlich kommen sollte. Er durfte nicht zu früh kommen, das war klar, denn der Bau der neuen Schiffe war nun zwar beschlossen, aber noch nicht begonnen und erst recht noch nicht abgeschlossen. Und das war nicht das einzige Problem. Auch der neue U-Boot-Stützpunkt auf Helgoland war noch nicht fertiggestellt. Und der Kaiser-Wilhelm-Kanal, der Nord- und Ostsee miteinander verband und so den Schiffen den langen und umständlichen Weg über das Skagerrak und den Kattegat ersparte, war für die modernen Großkampfschiffe nicht tief und nicht breit genug. Zwar hatte man schon 1907 damit begonnen, den Kanal den neuen Anforderungen entsprechend auszubauen, die Bauarbeiten würden sich aber noch bis 1914 hinziehen. Bis dahin würde die deutsche Flotte weiterhin ziemlich unbeweglich bleiben. Der Krieg mit den Briten ließ also besser noch etwas auf sich warten.

Der Kaiser konnte seinem ältesten Sohn, dem Kronprinzen Wilhelm, dessen größten Herzenswunsch also noch nicht erfüllen. Der Kronprinz hatte die Glückwünsche an seinen Vater zum Neujahr 1912 mit der Hoffnung verbunden, dass es bald zu einem Waffengang kommen werde, um Deutschland endlich den viel beschworenen „Platz an der Sonne" zu erzwingen. Daran, dass er sich nichts sehnlicher wünschte als einen großen Krieg, ließ der Kronprinz keinen Zweifel. Was war los mit dem ältesten Sohn des Kaisers? War er total verroht, blutdurstig und kriegslüstern? Tatsächlich war der Kronprinz schon seit längerem für seine brachiale Haltung und militanten Ansichten bekannt. Mit seinem Ruf nach Krieg und Waffengang aber stand er keineswegs alleine, sondern formulierte etwas, was zu Beginn des Jahres 1912 durchaus viele dachten und so mancher auch aussprach: mit der Verständigungspolitik Bethmann Hollwegs musste Schluss sein! Deutschland musste jetzt gezielt den Weg der Gewalt suchen! Trotz des großen Wahlsiegs der Sozialdemokraten im Januar: nach dem „Panthersprung von Agadir" und der darauffolgenden „Ohrfeige" durch die Briten sehnte sich ein nicht unerheblicher Teil der deutschen Gesellschaft nach Revanche.

Für den Kaiser bedeutete all dies, dass er nun – noch stärker als ohnehin schon – von zwei Seiten zugleich unter Druck gesetzt wurde. Schon lange hatte er sich vorhalten lassen müssen, ein militanter Säbelrassler zu sein, ein Mann der markigen Worte, undiplomatisch und mit überstarkem Hang zu allem Militärischen. Vor allem von Pazifisten, Sozialdemokraten, und Linksliberalen kamen solche Vorwürfe. Doch nicht nur von ihnen. Nach der Niederschlagung des chinesischen Boxeraufstands im Sommer 1900 hatten auch Nationalliberale und Konservative die martialischen und gewaltverherrlichenden Reden des Kaisers scharf kritisiert. Vor allem die berüchtigte Hunnenrede vom 27. Juli 1900, in der er gefordert hatte, im Kampf gegen die Chinesen kein Pardon zu geben und keine Gefangenen zu machen, hatte Entsetzen ausgelöst. Als blutrünstiger Tyrann hatte Wilhelm damals in der Öffentlichkeit dagestanden. Knapp zwölf Jahre später aber, nach der Zweiten Marokkokrise, hatte

sich der Wind der öffentlichen Meinung vollkommen ge-
dreht.

Zwar musste der Kaiser weiterhin mit dem Vorwurf der
Linken leben, ein Militarist zu sein. Gleichzeitig artikulierte
sich nun aber von der entgegengesetzten Richtung her
ebenfalls lautstarke Kritik. Der Kaiser sei zu zahm, zu friedliebend, hieß es nun immer häufiger. Er habe nicht den
Mut, dem Feind mit der Waffe entgegenzutreten, um so
den Deutschen jene Stellung in der Welt zu verschaffen, die
ihnen gebühre. Vor allem aus dem Umfeld des Alldeutschen
Verbands, eines Zusammenschlusses radikaler völkischer
Nationalisten, die ganz offen den Krieg als Mittel der Politik
propagierten, waren solche Töne zu hören. Der Verbands-
vorsitzende Heinrich Claß selbst hatte – unter einem Pseu-
donym – 1912 sogar eine Schrift mit dem Titel „Wenn ich
der Kaiser wäre" herausgegeben, in der er darlegte, was er
alles besser machen würde, wenn nicht Wilhelm, sondern
er selbst auf dem Hohenzollernthron säße. Nicht nur den
Juden würde er massiv entgegentreten, gab der Autor zu
verstehen, sondern auch in einen Krieg ziehen, der zur
Erlangung der deutschen Weltherrschaft führen würde. In
ganz ähnliche Richtung zielte auch das ebenfalls 1912 er-
schienene Buch „Deutschland und der nächste Krieg", in
dem der General und Kriegshistoriker Friedrich von Bern-
hardi einen Krieg Deutschlands gegen England, Russland
und Frankreich forderte, koste es, was es wolle. Die direk-
testen und schärfsten Attacken gegen den Kaiser aber waren schon zuvor, noch mitten in der Marokkokrise, geritten
worden. Als Zögerer und Zauderer hatte man ihn in der

rechten Presse hingestellt. Und Maximilian Harden hatte den Kaiser als „Wilhelm den Friedlichen" verhöhnt.

Mit Harden hatte der Kaiser schon vorher so seine ganz speziellen Erfahrungen gemacht. Es waren keine guten. Schon während seiner Kronprinzenzeit hatte er sich Hardens stets beißende Kritik gefallen lassen müssen. Und im November 1906 hatte Harden in seiner Zeitschrift *Die Zukunft* einen der engsten persönlichen Freunde Wilhelms II., den Fürsten Philipp zu Eulenburg-Hertefeld, massiv angegriffen und dargelegt, dass Eulenburg seine Nähe zum Kaiser nutze, um handfeste Personalpolitik zu betreiben, indem er ihm missliebige Personen aus ihren Ämtern entfernen ließ und statt ihrer seine Freunde mit wichtigen und lukrativen Posten versorgte. Hinter den Kulissen war es daraufhin zu einer Art Stillhalteabkommen zwischen Harden und Eulenburg gekommen. Eulenburg ging in die Schweiz, und Harden ließ die Angelegenheit erst einmal auf sich beruhen. Dann aber, im April 1907, nachdem Eulenburg zurückgekehrt war, legte Harden nach und ließ in neuerlichen Veröffentlichungen durchblicken, dass Eulenburg und viele seiner Freunde, die sich regelmäßig bei Eulenburg auf Schloss Liebenberg nördlich von Berlin trafen, schwul waren.

Diese öffentliche Bloßstellung musste in der konservativen Gesellschaft des Kaiserreichs, in der Homosexualität als abartige sexuelle Perversion galt und unter Strafe stand, wie eine Bombe einschlagen. Nachdem der Kaiser über den hochnotpeinlichen Vorgang informiert worden war, wurden

Konsequenzen gezogen. Der Berliner Stadtkommandant und Flügeladjutant des Kaisers, Kuno von Moltke, der ebenfalls zum engsten Freundeskreis Wilhelms und Eulenburgs gehört hatte und ebenfalls von Harden der Homosexualität geziehen worden war, wurde aus seinen Ämtern entlassen und strengte nun einen Verleumdungsprozess gegen Harden an. Dies war der Auftakt zu einer ganzen Reihe spektakulärer Prozesse, in denen Details aus dem Sexualleben des Freundeskreises um Wilhelm II. an die Öffentlichkeit gezerrt wurden, die dem erstaunten Publikum den Atem stocken ließen. Im Ergebnis hatte man den größten gesellschaftlichen Skandal losgetreten, den das wilhelminische Deutschland bis dahin gesehen hatte. Eulenburg war am Ende gesellschaftlich erledigt und das Vertrauen des Kaisers zu seinen vormals besten und engsten Freunden zerstört.

Neben der gesellschaftlichen Dimension hatte der Skandal aber von Anfang an vor allem eine wichtige politische Komponente gehabt. Harden war es nicht so sehr um die intimen Neigungen des Liebenberger Freundeskreises gegangen. Die Bloßstellung der Homosexualität Eulenburgs, Moltkes und anderer war ihm nur Mittel zum Zweck. Viel wichtiger war es ihm, den politischen Einfluss der Kaiserfreunde zurückzudrängen. Und dafür hatte er aus der Reichsleitung und den Reichsämtern heimlich viel Beifall und ganz offensichtlich auch Informationen erhalten. Die informelle und verdeckte Personalpolitik, die Eulenburg von Liebenberg aus betrieb, war in Berlin nicht verborgen geblieben und hatte zu massiven Abwehrreaktionen geführt.

Bei der Wahl der Mittel war man dabei nicht zimperlich, wie Hardens Kampagne mit ihrer skrupellosen Fokussierung auf das Privat- und Intimleben der Liebenberger bewies. Zusätzlich zu ihrer machtpolitischen Bedeutung im Innern hatte die Angelegenheit aber auch einen spezifisch außenpolitischen Aspekt. Eulenburg galt als Englandfreund, der die anglophilen Tendenzen des Kaisers zu stärken versuchte und den außenpolitischen Interessen der Triple-Entente Gehör verschaffte. Für Harden und andere Kritiker einer aus ihrer Sicht zu zaghaften und leisetreterischen deutschen Außenpolitik war die Vorstellung jedoch unerträglich, dass der Kaiser auf Schloss Liebenberg in einer Weise beeinflusst würde, die einer offensiveren Gangart genau entgegenlief. Politische Ziele verbanden sich hier nun mit landläufigen homophoben Klischees.

Erstaunlicherweise sollte gerade Harden später einen vollkommenen Wandel durchmachen und vom Kriegstrommler zum Friedensapostel werden. Sein früheres Verlangen nach nationaler Macht und Stärke empfand er nun als fatal. Im Laufe des Ersten Weltkriegs, von dem man im Juli 1914 geglaubt hatte, dass er bis zum nächsten Weihnachtsfest siegreich beendet sein würde, und der sich dann mühsam von Jahr zu Jahr schleppte, hatte es Harden wohl gedämmert, dass der nationale Chauvinismus, zu dem er seinen Teil beigetragen hatte, eine erhebliche Mitschuld daran trug, dass Europas Jugend nun auf den Schlachtfeldern verblutete und der Kontinent sich selbst zugrunde richtete. Als einer der wenigen deutschen Publizisten verteidigte er nach Kriegsende den Versailler Vertrag und bezahlte dafür fast mit dem Leben. Am 3. Juli 1922 entging er nur knapp einem Anschlag rechter Gewalttäter, die ihm schwere Kopfverletzungen zufügten. Beim Publikum aber war sein Stern nun im Sinken – wohl auch deshalb, weil die deutsche Öffentlichkeit nach Versailles auf Rache sann und von den neuen, versöhnlerischen Tönen Hardens nichts hören wollte. Von all dem aber war in den Jahren vor Kriegsausbruch noch nicht das Geringste zu ahnen. Den friedliebenden Harden gab es noch nicht. Es gab nur den, der nach mehr Härte Deutschlands gegenüber Frankreich und Großbritannien verlangte, und der sich damit im Einklang mit einem ganz großen Teil der deutschen Öffentlichkeit befand und dem Kaiser und mehr noch der Reichsleitung unter Kanzler Bethmann Hollweg das Leben schwer machte.

Die Vorhaltungen Hardens, der Kaiser sei in seiner Außenpolitik zu zaghaft und friedliebend, waren aus der Eulenburg-Affäre also hinlänglich bekannt. Vier Jahre später, als Eulenburg und sein Liebenberger Kreis längst keine Rolle mehr spielten, erklangen sie im Zuge der Zweiten Marokkokrise erneut. Wie aber sah es mit der Friedensliebe von „Wilhelm dem Friedlichen" tatsächlich aus? Ein Kriegstreiber wollte der Kaiser mit Sicherheit nicht sein. Denjenigen, die ihn als Militaristen einstuften, konnte er zu Recht entgegenhalten, dass die Deutschen während seiner nun fast 25 Jahre währenden Regentschaft immer nur im Frieden gelebt hatten. Ein Friedenskaiser war Wilhelm II. also, und die Hochrüstung, die unter ihm blühte, mochte nur die Stellung des Reiches noch stärker und den Frieden für das Reich damit noch sicherer machen! Noch weniger als ein

Kriegstreiber wollte der Kaiser allerdings ein Feigling und Schwächling sein, und die diesbezügliche Kritik, die von der Rechten nun lautstark erhoben wurde, traf ihn schwer. Als Wilhelm Ende 1912 sogar als möglicher Kandidat für den Friedensnobelpreis ins Gespräch gebracht wurde – kein geringerer als Emanuel Nobel, der Neffe Alfred Nobels, hatte ihn vorgeschlagen –, winkte Berlin sofort ab. Jawohl, Wilhelm war ein Friedenskaiser, gewiss! Aber Seine Majestät so sehr in die Nähe des Pazifismus zu rücken, das ging dann doch gehörig zu weit!

Der Friedensnobelpreis für Kaiser Wilhelm II.: das hätte den Argwohn auf der Rechten nur noch weiter erhöht und auf der Linken für Hohn und Spott gesorgt. Und in der Tat: für diesen Preis war Wilhelm wohl wirklich nicht der Richtige! Zwar sprach er viel von seiner Absicht, den Frieden zu wahren, und tatsächlich konnte er – wie gesagt – auf die lange Friedenszeit unter seiner Herrschaft verweisen. Gleichwohl aber blieb er selbst immer der starken militärischen Tradition seines Hauses verhaftet und kam immer mehr zu der Überzeugung, dass man auf dem internationalen Parkett auch angesichts von Kriegsgefahren nicht wanken und nicht weichen dürfe, wenn man die eigenen Interessen durchsetzen wollte. Vor allem sein Flottenbauprogramm wollte er auch dann nicht opfern, wenn sich dadurch die Gefahr eines Krieges mit England erheblich erhöhte. Gewiss, auch Friedrich der Große, der berühmte Ahne des Kaisers, war stolz darauf gewesen, eine neue Provinz im Frieden erobert zu haben, ohne einen Mann zu verlieren. Doch Friedrich hatte nicht nur das Oderbruch trockengelegt, er hatte auch

Schlesien erobert und dabei durchaus eine erhebliche Zahl an Männern verloren, ohne dass ihm dies allzu großes Kopfzerbrechen bereitet hätte. Sein Ruhm als großer König ging in erheblichem Maße gerade auch auf seine militärischen Erfolge zurück. Ziviler Aufbau im Frieden und militärischer Drill für den Krieg – für die Herrschaft der Hohenzollern war immer beides wichtig gewesen. Auch bei Wilhelm II. sollte das nicht anders sein.

Hatte die Zweite Marokkokrise beim Kaiser schon die Überzeugung gestärkt, dass man es zur Not früher oder später auf einen Waffengang ankommen lassen müsse, um die deutschen Interessen gegenüber den anderen europäischen Mächten durchzusetzen, so galt dies noch mehr für ein Ereignis, das im Herbst 1912 seinen Anfang nahm. Die Staaten des Balkanbundes aus Bulgarien, Serbien, Griechenland und Montenegro gingen gemeinsam gegen die jahrhundertealte osmanische Herrschaft auf dem Balkan vor. Der Balkankrieg hatte begonnen. Der Erste Balkankrieg genau genommen, aber das wusste man damals noch nicht. Das sollte sich erst im nächsten Jahr herausstellen, nachdem der zweite begonnen hatte. Der Erste Balkankrieg aber zeigte schon nach kurzer Zeit, dass die Herrschaft der Türken auf dem Balkan jetzt sehr schnell an ihr Ende kommen würde – zu stark und zu eindeutig war die Überlegenheit der Truppen der Balkanstaaten über die der Osmanen. Auch Albanien nutzte die Gunst der Stunde und erklärte im November 1912 seine Unabhängigkeit vom Osmanischen Reich. Dies wiederum war für Österreich-Ungarn von großem Interesse, denn in Wien wollte man unbedingt verhindern, dass sich Serbien nach dem Ende der osmanischen Herrschaft bis an die Adria ausbreiten würde. Mit einem neuen Staat Albanien an der Adriaküste aber wäre den Serben dieser Weg versperrt. Ein solches Kalkül musste jedoch sofort Russland auf den Plan rufen, denn Russland, das sich als Schutzmacht und Interessenwalter Serbiens verstand, wollte sich einen solch eklatanten Affront gegen seinen kleinen slawischen Bruderstaat auf keinen Fall bieten lassen. Und schon standen sich auf dem Balkan nicht mehr nur die kleinen Balkanstaaten, sondern die Triple-Entente in Form von Russland und der Dreibund in Form von Österreich-Ungarn gegenüber. So schnell konnte im Jahr 1912 in Europa aus einer scheinbar regionalen Krise eine gesamteuropäische Krise unter Beteiligung aller üblichen Verdächtigen werden! Die Reizschwelle der europäischen Großmächte lag niedrig, und der Balkan hatte es in sich. Er lud regelrecht ein zum Reizen!

Wilhelm selbst zeigte zunächst wenig Neigung, seinen Bündnispartner Österreich-Ungarn in dessen Aversion gegen das aufstrebende Serbien zu unterstützen. Ganz im Gegenteil, den mutigen Kampf der kleinen Balkanstaaten gegen das riesige Osmanische Reich sah er mit starker Sympathie. Das Ganze schien ihm wie ein Wettkampf zu sein, in dem sich der Stärkere durchsetzte und seine Eroberungen als Siegestrophäe behalten durfte. Und die Stärkeren, das waren jetzt ganz offensichtlich die kleinen Balkanstaaten und nicht die riesige Türkei. Sogar die Gründung der „Vereinigten Staaten des Balkans" aus den vier Mitgliedsländern des Balkanbunds konnte sich der Kaiser vorstellen. Und wenn es so weit kam, dann galt es für den Dreibund natürlich, sich der Freundschaft dieser Vereinigten Staaten zu versichern. Vielleicht würde so aus dem Dreibund schon bald ein Vierbund werden! Und wenn man dann sogar noch die Türkei mit ins Boot bekäme – denn auch ohne ihre Besitzungen auf dem Balkan war das Osmanische Reich ja immer noch eine beeindruckende Kraft –, dann würde das Deutsche Reich einem gewaltigen Machtblock angehören. Die Triple-Entente würde dann endlich mit dem gebührenden Respekt auf die Germanen blicken!

Doch nichts von dem, was der Kaiser sich da so erträumte, trat ein. Aus dem Balkanbund wurden nicht die „Vereinigten Staaten des Balkans", sondern er begann umgehend damit, sich hoffnungslos zu zerstreiten. Bulgarien, das deutlich stärkste der vier verbündeten Länder, geriet mit seinen Bündnispartnern in einen massiven Konflikt um Macht und Einflusszonen. Noch bevor man die Osmanen endgültig besiegt hatte, ging man sich nun im Streit um das Erbe gegenseitig an den Kragen. Auch das aber konnte den grenzenlosen Optimismus des Kaisers zunächst nicht bremsen. Wenn der Balkanbund zerbrach, dann musste der Dreibund sein neues Bündnis eben mit Bulgarien und der Türkei alleine schließen. Die anderen Balkanstaaten würden sich dann schon fügen. Und auch dann würde aus dem jetzigen Dreibund ein riesiger Machtblock werden und aus dem Deutschen Reich eine Weltmacht. So jedenfalls in der Phantasie des Kaisers.

Es ist merkwürdig anzusehen, wie selbst durch diesen Konflikt, der der Interessensphäre des Deutschen Reiches eigentlich eher fern lag, und in dem sich die deutsche Politik zunächst auch Zurückhaltung und Mäßigung auferlegt hatte, die Phantasie in Deutschland sehr bald in Richtung auf Weltmachtgeltung, Weltmachtstellung und Weltmachtpolitik beflügelt wurde. Nicht nur die Alldeutschen und ein paar radikale Nationalisten träumten von der Weltmacht. Nationaler Chauvinismus war fast Allgemeingut geworden im Zeitalter des Imperialismus. Der Kaiser lag hier gewissermaßen ganz im Trend. Am Ausbruch des Balkankrieges hatte er keinen Anteil. Er hatte diesmal nicht mit dem Säbel gerasselt und sich für die Balkanregion nicht mal besonders interessiert. Nachdem der Krieg aber nun einmal da war interessierte ihn vor allem eines daran: Auf welche Weise ließ er sich nutzen, um der Weltgeltung Deutschlands Auftrieb zu verleihen? In den Krieg aktiv einzugreifen kam für ihn nicht infrage. Das hätte einen riesigen internationalen Konflikt heraufbeschworen und stand auch gar nicht zur Debatte. Aber es schien auch gar nicht notwendig zu sein, denn offenbar entwickelten sich die Dinge ja schon von sich aus zum Besten. Man brauchte nur abzuwarten und dann die richtigen Bündnisse zu schließen.

Doch erneut erfüllten sich die Erwartungen des Kaisers nicht. Zwar kam es tatsächlich zu einem separaten Waffenstillstand zwischen Bulgarien und der Türkei, nicht aber zu einem regelrechten Bündnis, und erst recht nicht zu einem Bündnis beider mit dem Dreibund. Stattdessen spitzte sich der Konflikt zwischen Russland und Österreich-Ungarn

wegen Serbien immer mehr zu, und Wilhelm, der den antiserbischen Affekt der Österreicher zunächst für übertrieben
gehalten hatte, kam mehr und mehr zu der Überzeugung,
dass die russische Seite es hier ganz gezielt auf Provokation
und Eskalation angelegt hatte – und dass Deutschland seinem Bündnispartner Österreich-Ungarn in dieser Situation
beistehen müsse.

Das gewaltige Risiko, das sich hieraus ergab, wurde vom
Kaiser durchaus gesehen, ließ sich aber nicht aus der Welt
schaffen: Sollte der Streit zwischen Moskau und Wien letztlich bis zu einem Angriff Russlands auf die Donaumonarchie
eskalieren, dann wäre das Deutsche Reich per Bündnisver-
trag gezwungen, an der Seite Wiens gegen Moskau in den
Krieg zu ziehen. Dies aber würde wiederum Frankreich, das
sich ja im Bündnis mit Russland befand, auf den Plan rufen
und aller Voraussicht nach dazu veranlassen, seinerseits das
Reich anzugreifen. Deutschland konnte also über seine
Bündnispflicht gegenüber Österreich ganz schnell in einen
Zweifrontenkrieg gezogen werden, der mit Sicherheit die
Existenz des Reiches aufs Spiel setzen würde.

Durch die unerwartete Zuspitzung zwischen Moskau und
Wien rückte also der für die Deutschen zunächst so ent-
fernt scheinende Balkankrieg auf einmal ganz nahe und
wurde brandgefährlich. Und tatsächlich eskalierte die Lage
noch weiter. Anfang Dezember 1912 schien ein Angriff
Österreich-Ungarns auf Serbien unmittelbar bevorzustehen.
Deutschland sagte nun noch einmal ausdrücklich zu, an der
Seite Österreich-Ungarns zu stehen, sollte es um die Exis-

tenz der Donaumonarchie gehen. Alle Zeichen standen auf Sturm. Sollte sich der martialische Wunsch des Kronprinzen Wilhelm vom Jahresbeginn 1912, es möge zu einem Waffengang kommen, am Jahresende nun also doch noch erfüllen?

Dass es nicht dazu kam, ging in erster Linie auf die feste Haltung Großbritanniens zurück. Trotz der Erfahrungen in der Zweiten Marokkokrise im Vorjahr hatte sich der Kaiser lange Zeit noch der Hoffnung hingegeben, Großbritannien würde im Falle eines Krieges des Deutschen Reichs gegen Frankreich und Russland neutral bleiben. Anfang Dezember 1912 stellte der britische König George V. nun aber unmissverständlich klar, dass dies nicht der Fall sein würde, dass London vielmehr ganz unzweideutig seine Bündnisverpflichtungen gegenüber Paris und Moskau erfüllen und zur Not auch an ihrer Seite in den Krieg ziehen würde.

Für Wilhelm war dies eine fulminante Enttäuschung. Einen Krieg, der gegen Russland, Frankreich und Großbritannien gleichzeitig geführt werden musste, konnte er auf gar keinen Fall riskieren. Deutschland musste seine Versprechungen gegenüber Österreich-Ungarn wieder zurücknehmen und Wien dringend zur Mäßigung anhalten. Erneut hatte sich Großbritannien – wie schon in der Zweiten Marokkokrise – Deutschland in den Weg gestellt, als es sich anschickte, auf internationalem Parkett seine Muskeln zu zeigen. Der Kaiser sollte dies den „britischen Vettern" nicht verzeihen. Für die Gleichgewichtspolitik Londons, die Politik der „balance of power", mit der es die Briten vermieden, dass sich auf dem Kontinent eine einzelne Macht herausbilden konnte, die die anderen Mächte dominiert, hatte Wilhelm keinerlei Verständnis. Er betrachtete den Konflikt auf dem Balkan immer mehr als einen Rassenkonflikt zwischen Germanentum und einem von Russland geführten Slawentum und konnte nicht verstehen, dass die Briten – trotz ihrer angelsächsisch-germanischen Wurzeln – hier auf der Seite der Slawen standen.

Dieser seltsame Rassismus Wilhelms II. mutet befremdlich an und verleiht dem deutschen Kaiser einen eigentümlichen und nicht sehr sympathischen Zug. Gewiss, rassistisches Denken war zu dieser Zeit weit verbreitet, und der einschlägige Nationalismus Wilhelms ließ sich nur allzu leicht mit rassistischen Ressentiments verbinden. Dennoch lässt die Auffassung Wilhelms über den Kampf des Slawentums gegen das Germanentum ernste Zweifel am politischen Urteilsvermögen des Kaisers aufkommen. Man mochte die internationale Konstellation in Europa beurteilen wie man wollte, aber mit rassistischen Mustern konnte man sie ganz gewiss nicht erklären. Weder der Dreibund aus Deutschland, Österreich-Ungarn und Italien noch die Triple-Entente aus Großbritannien, Frankreich und Russland ließen sich im Sinne Wilhelms einer „Rasse" zuordnen, und auch im Balkankonflikt ging es letztlich nicht um Rassenfragen, sondern um den Machtkampf und die territorialen Streitigkeiten zwischen dem Osmanischen Reich, den Staaten des Balkans und Österreich-Ungarn – auch wenn ein völkisch argumentierender Nationalismus im Denken und

Handeln der Beteiligten hier zweifelsfrei eine ganz wesentliche Rolle spielte.

Die Vorstellung von einem „Kampf des Slawentums" mit Russland an der Spitze fand nur insofern eine reale Grundlage, als Russland in der Tat panslawistisch argumentierte, um bei den südslawischen Völkern Loyalität zu erzeugen, und als diese Argumentation auch in der Tat eine deutliche Spitze gegen das Osmanische Reich und gegen Österreich-Ungarn enthielt. Der Kaiser aber hatte offenbar eine romantisch-verklärte Vorstellung von den Blutsbanden und stammesmäßigen Verbindungen zwischen den europäischen Völkern, die aus grauer Vorzeit stammend bis in die Gegenwart reichen und die aktuelle Politik zwischen den Staaten maßgeblich mitbestimmen sollten. Damit aber konnte er bei seinen internationalen Gesprächspartnern nur Verwunderung auslösen. Das Argument, dass sich Großbritannien Deutschland zuwenden und von Frankreich und Russland abwenden solle, weil es sich bei den Deutschen wie bei den Briten um Germanen, bei den Franzosen aber um Romanen und bei den Russen um Slawen handelte, dieses Argument konnte man sich in London vielleicht höflich und erstaunt anhören, aber nicht wirklich ernst nehmen. Im Übrigen blieb auch der Kaiser selbst in dieser Vorstellung nicht besonders konsequent, denn als seine engsten Bündnispartner stellte er sich neben dem Vielvölkerstaat Österreich-Ungarn immerhin Italien, Bulgarien, Rumänien, Albanien, die Türkei und sogar Japan vor – alles sicherlich keine besonders „germanischen" Bundesgenossen.

Doch wie ernst man Wilhelms rassistische Interpretation der Balkankrise in London auch immer nehmen mochte – entscheidend war aus Sicht des Kaisers, dass er sich nach einigem Zögern dazu durchgerungen hatte, an der Seite Österreich-Ungarns gegen Russland vorzugehen, und dass ihm die Briten dabei – wieder einmal – in den Arm gefallen waren. Die vergangenen Tage und Wochen hatten ihm sehr unangenehme und schmerzhafte Erkenntnisse beschert: Ein Krieg gegen Russland, der sich über kurz oder lang nicht vermeiden ließ, wie Wilhelm nun überzeugt war, würde notwendigerweise auch zu einem Krieg gegen Frankreich führen, und der wiederum zu einem Krieg gegen Großbritannien. Wenn dies aber so war, dann gab es daraus nur eine Schlussfolgerung: ein Krieg gegen die gesamte Triple-Entente aus Großbritannien, Frankreich und Russland war auf längere Sicht nicht zu vermeiden. Zum jetzigen Zeitpunkt allerdings konnte man einen solchen Kampf gegen drei Großmächte zugleich noch nicht wagen. Die militärische Stärke des Reiches war dazu noch längst nicht ausreichend. Eine Beratung des Kaisers mit seinen militärischen Führern am 8. Dezember 1912 bestätigte dies noch einmal. Zwar war das Heer zum sofortigen Losschlagen bereit, wie Generalstabschef Helmuth von Moltke erklärte. Die Flotte aber war es noch längst nicht. Vor allem von Tirpitz mahnte nun eindringlich zur Geduld. Die von ihm seit Jahren mühsam aufgebaute deutsche Kriegsflotte hätte einen Seekrieg gegen Großbritannien nicht lange überstanden.

Im Grunde war es Ende 1912 noch immer so wie ein Jahr zuvor: die Marine hatte immer noch zu wenig Großkampfschiffe, der U-Boothafen auf Helgoland war immer noch nicht fertig und die Verbreiterung und Vertiefung des Kaiser-Wilhelm-Kanals war immer noch nicht abgeschlossen. All dies würde frühestens 1914 so weit sein, dass man einen Krieg wagen konnte. Wenn ein Krieg aber unvermeidlich war, dann bedeutete dies, dass im Jahr 1913 vor allem eines auf der Agenda stand: Rüstung, Rüstung und nochmals Rüstung! Nur so konnte man sich auf einen Kampf gegen die gesamte Triple-Allianz vorbereiten. Der arme Bethmann Hollweg musste also 1913 erneut das tun, was er schon 1912 hatte tun müssen, und was durchaus nicht seiner Neigung entsprach: Rüstungspolitik betreiben und dadurch diplomatisches Porzellan zerschlagen. Als Alternative blieb ihm nur, als Reichskanzler und preußischer Ministerpräsident zurückzutreten. Doch Bethmann Hollweg blieb im Amt.

So sah denn die Welt aus deutscher Sicht zu Beginn des Jahres 1913 nicht ganz unähnlich aus wie zu Beginn des Jahres 1912: Wieder hatte man ein Jahr hinter sich, in dem es zwischenzeitlich bedrohlich nach Krieg ausgesehen hatte, der Krieg für Deutschland aber letztlich ausgeblieben war. Und wieder blickte man auf ein neues Jahr, in dem der Frieden brüchig und bedroht zu sein schien, auch wenn nicht gerade mit einem unmittelbar bevorstehenden Kriegsausbruch zu rechnen war. Noch immer war die öffentliche Meinung nationalistisch aufgeladen, riefen rechte Kreise laut nach nationaler Größe und Revanche für erlittene nationale Demütigung. Noch immer bildete zugleich die SPD die deutlich stärkste Fraktion im Reichstag, und noch immer stand sie dem Reich und seinen führenden Institutionen mit einer seltsamen Mischung aus innerer Distanz und Mitgestaltungswillen gegenüber.

Manches aber war nun auch ganz anders als zum Jahresbeginn 1912. Auf dem Balkan tobte nun ein blutiger Krieg, und in London saßen die Vertreter der Großmächte am Verhandlungstisch zusammen und versuchten – bislang vergeblich –, eine Einigung unter den Kriegsgegnern herbeizuführen und dem Blutvergießen ein Ende zu setzen. Und verstrickten sich dabei immer wieder in eigene Zwistigkeiten. Die Wut des Kaisers richtete sich nun nicht mehr nur gegen Großbritannien, sondern mit etwa gleicher Wucht auch gegen Russland, das nach seiner Überzeugung auf dem Balkan den Aufstand der Slawen gegen die Germanen betrieb. Die Illusion, Großbritannien auf die Seite Deutschlands ziehen zu können, hatte er inzwischen verloren. Seine beiden Cousins König George V. von Großbritannien und Zar Nikolaus II. von Russland, Georgi und Nicki, wie er sie nannte, gehörten nun aus Sicht des Kaisers – ob von ihnen selbst nun gewollt oder nicht gewollt – ins Lager seiner Feinde. Ein guter Jahresauftakt war das nicht.

Januar 1913

Am 2. Januar ist Reichskanzler Bethmann Hollweg in Stuttgart. Der Anlass ist traurig. Sein Vertrauter, der Staatssekretär im Auswärtigen Amt, Alfred von Kiderlen-Waechter, war einen Tag vor Silvester, am 30. Dezember 1912, überraschend an einem Herzanfall verstorben. Nun wird er in seiner schwäbischen Heimat beigesetzt. Als Staatssekretär im Auswärtigen Amt war Kiderlen-Waechter eine Art Reichsaußenminister, obwohl es den offiziell gar nicht gibt. Auch der König von Württemberg ist zur Trauerfeier erschienen. In seiner Rede sagt Oberhofprediger Prälat Kolb: „Wenn wir das alte Jahr, was oft und ernst in Frage gestellt worden ist, in Frieden beschließen konnten, dann war es nicht zum mindesten Teil das Verdienst des Verstorbenen. Wenn wir hofften, ins neue Jahr mit neuer Zuversicht treten zu dürfen, mit der Zuversicht, daß es gelingen werde, das Schiff unseres Staates auch fernerhin durch Klippen und Untiefen hindurch in ruhigem und richtigem Fahrwasser zu halten, dann gründete sich diese Hoffnung nicht zuletzt darauf, daß wir wußten, unser Kaiser habe die Steuerung in die starken Hände eines so erfahrenen, so scharfsichtigen Steuermanns gelegt, wie es der Verstorbene gewesen ist.“

Kiderlen-Waechter hatte eine lange diplomatische Karriere hinter sich, an der Spitze des Auswärtigen Amtes hatte er aber nur anderthalb Jahre gestanden. In dieser Zeit hatte er sich tatsächlich für eine friedliche Entwicklung in Europa, insbesondere auch zwischen Deutschland und Großbritannien eingesetzt. Doch auch die unglückliche Aktion mit dem „Panthersprung vor Agadir“ war auf ihn zurückgegangen. Bei dieser Gelegenheit war er auch nicht davor zurückgeschreckt, sich propagandistische Unterstützung bei radikal rechten nationalistischen Kräften zu holen. Das aber hatte ihm in der Folgezeit noch sehr viel Ärger bereitet, nachdem sich gezeigt hatte, dass der „Panthersprung" nicht nur die in Aussicht gestellte deutsche Herrschaft in Südmarokko nicht herbeiführen würde, sondern dass es der Reichsleitung mit diesem Ziel offenbar auch gar nicht sonderlich ernst gewesen war.

Nach der Trauerfeier trifft Reichskanzler Bethmann Hollweg noch zu einem Gespräch mit dem württembergischen Ministerpräsidenten Karl Hugo von Weizsäcker zusammen. In der Presse gehen sofort die Spekulationen über die Nachfolge Kiderlen-Waechters los. Schon nach wenigen Tagen scheint alles auf den deutschen Botschafter in Rom Gottlieb von Jagow hinauszulaufen. Der wird es dann schließlich am 11. Januar auch.

Der Jahreswechsel ist eine gute Zeit für Schnäppchenjäger. Die großen Kaufhäuser führen Inventur-Verkäufe mit runtergesetzten Preisen durch. Das KaDeWe am Tauentzien wirbt unter anderem mit Seidenstoffen, Schuhwaren, Korsetts und Untertaillen. Es bietet imitierten Alaskafuchs für 7,50 Mark sowie einen dazu passenden Muff an. Auch Peek & Cloppenburg in der Gertraudenstraße in Berlin-Mitte wirbt mit einem „Inventur-Verkauf zu vorteilhaften, niedrigen Preisen". „Zum Verkauf kommen fast nur tadellose Restbestände in besseren Qualitäten, welche trotzdem billig verkauft werden!" verspricht die Firma in Anzeigen. – Fast nur tadellos? Irgendwie scheint die Werbung des Jahres 1913 zumindest noch ein bisschen ehrlicher zu sein als die 100 Jahre später. – „Besonderes Angebot in Knaben- u.

Jünglings-Anzügen in besserer Ausrüstung. Herren-Sakko-Anzüge in modernen Farben und neuester Machart außerordentlich preiswert." So wirbt Peek & Cloppenburg im Januar 1913.

Auch sonst wird der Jahreswechsel gerne für Reklame genutzt. „Prosit Neujahr allen Manoli Rauchern" wird im *Berliner Tageblatt* gewünscht. Und auch an den bevorstehenden Winterurlaub wird gedacht: „Auf Skitouren versäumen Sie ja nicht, eine oder zwei halbe Flaschen ‚Kupferberg Gold' im Rucksack mitzunehmen", wird der sportliche Leser fast schon ultimativ aufgefordert. „Bei einer kurzen Rast auf Bergeshöhe gibt es kein angenehmeres und bekömmlicheres Erfrischungsmittel als ein Glas ‚Kupferberg Gold', der durch seine äusserst leichte, trockene Art belebt und erheitert und freudigen Mut zu den bevorstehenden Abfahrten gibt." Und um noch einmal ganz sicher zu gehen, dass der brave Konsument auch wirklich nichts falsch macht, wird er sorgenvoll beschworen: „Achten Sie aber auf ‚Kupferberg Gold', denn süssliche, stark dosierte Sektmarken wirken ermüdend." – Zu gleicher Zeit wirbt auch ein „Hoflieferant Seiner Majestät des Kaisers und Königs Wilhelm II." für sein Produkt: „Anerkannt bester Bitterlikör", „Man verlange einfach: ‚Underberg'".

Februar 1913

Nicht nur mit der Triple-Entente aus Frankreich, Russland und Großbritannien liegt Deutschland im Clinche, auch im eigenen Bündnis kommt es zu einem Konflikt. Noch Anfang

Dezember hatten die Österreicher eine klare Zusage aus Berlin erhalten, im Ernstfalle stünden die Deutschen fest an ihrer Seite. Nun hört sich alles schon wieder ganz anders an. Einen Krieg wolle man zum jetzigen Zeitpunkt auf gar keinen Fall, heißt es nun von den Nachbarn im Norden, die Österreicher sollten sich mäßigen. In Wien hat man langsam genug von den unsicheren Kantonisten und Bedenkenträgern an der Spree. Ein Brief von Reichskanzler Bethmann Hollweg an den österreichischen Außenminister Berchtold zeigt endgültig, wes Geistes Kind sie sind. Deutschland sei nicht willens, wegen der österreichischen Interessen auf dem Balkan einen Weltkrieg zu führen, teilt der deutsche Regierungschef rundheraus mit. Der Versuch einer gewaltsamen Lösung der Balkankonflikte hätte nur ein weiteres Zusammenrücken der Triple-Entente zur Folge, so meint er. Ohne Krieg aber bestünde die Hoffnung, dass sich England langfristig aus der Triple-Entente herauslöse und eine zumindest neutrale Position einnähme.

Daher also weht der Wind! In Berlin hofft man immer noch, durch Wohlverhalten gegenüber London eine Annäherung zwischen Briten und Deutschen bewirken zu können. Und das auf Kosten österreichischer Durchsetzungskraft! Die klaren Worte König Georges V. waren offenbar immer noch nicht klar genug für die Deutschen. Zumindest nicht klar genug für den deutschen Reichskanzler, der seine verzweifelte Hoffnung auf eine deutsch-britische Annäherung einfach nicht aufgeben möchte. Der österreichische Außenminister leitet den Brief an Thronfolger Franz Ferdinand weiter und kommentiert: „Der deutsche Standpunkt, dass wir uns nicht rühren sollen, damit das Pflänzchen der deutsch-englischen Annäherung nicht erdrückt werde, kommt darin mit sozusagen impertinenter Offenheit zum Ausdruck!"

Doch es kommt noch dicker. Nicht nur der deutsche Reichskanzler, auch der deutsche Generalstabschef Helmuth von Moltke schickt einen Brief nach Wien. Seinem österreichischen Amtskollegen Conrad schreibt Moltke, die Zeit für den großen Krieg sei noch nicht gekommen. Um in der Bevölkerung Kriegsbegeisterung zu erzeugen, müsse eine Gelegenheit gefunden werden, Russland als Angreifer hinzustellen. Allerdings müsse man noch abwarten, bis der Balkanbund zerbricht und Serbien und Bulgarien nicht mehr miteinander, sondern gegeneinander kämpfen. Dann werde es zum großen Krieg zwischen Germanentum und Slawentum kommen, und jene Staaten, die Bannerträger germanischer Geisteskultur seien, hätten die Pflicht, sich hierauf vorzubereiten.

Ein großer Krieg zwischen Germanentum und Slawentum – das ist nun wirklich das allerletzte, was der Vielvölkerstaat Österreich-Ungarn gebrauchen kann. In seinen Grenzen leben schließlich nicht nur die Deutsch-Österreicher, an die von Moltke offenbar denkt, sondern auch etliche Tschechen, Slowaken, Polen, Ukrainer, Serben, Kroaten und Slowenen, die er offenbar vergessen hat. In seinem Antwortschreiben muss Conrad seinen deutschen Kollegen darauf hinweisen, dass 47 Prozent der Einwohner Österreich-Ungarns Slawen sind. Ein Rassenkrieg, in dem Deutsch-Österreicher und Slawen gegeneinander kämpfen, würde den Vielvölkerstaat bis ins Mark treffen. Hat man sich das in Berlin vielleicht mal überlegt? Offenbar nicht. Offenbar sieht man Südosteuropa von der Spree aus mit ganz anderen Augen als von der Donau.

In Berlin findet man schon seit langem, dass es die Österreicher mit ihrer Angst vor den Slawen übertreiben. Insbesondere ihre Aversion gegen die Serben strengt allmählich an. Wenn sie sich etwas zurücknehmen würden, ließen sich die Konflikte auf dem Balkan möglicherweise doch auf diplomatischem Wege lösen. Auf der Londoner Konferenz ist vorgeschlagen worden, Montenegro zu vergrößern und Albanien unter die Kontrolle der Schutzmächte zu stellen. Die Österreicher aber wollen Montenegro klein halten und Albanien selbst kontrollieren. In Berlin glaubt man, dass man auf diese Weise die Montenegriner regelrecht in die Arme der Serben treiben und damit genau das erreichen würde, was die Österreicher gerade verhindern wollen.

Es bleibt schwierig zwischen den beiden Partnern. In Deutschland fühlt man sich durch österreichische Befindlichkeiten in der eigenen Außenpolitik behindert. Die Bevölkerung denkt nicht daran, wegen irgendwelcher Streitigkeiten auf dem Balkan in den Krieg zu ziehen. Und in Österreich hat man mehr und mehr den Eindruck, dass die Deutschen ihre Politik nur auf eigene Rechnung betreiben und die österreichischen Interessen weder verstehen noch berücksichtigen wollen. Die Rollen im Dreibund sind aus deutscher Sicht offenbar klar verteilt: die Deutschen sind Koch, Österreicher und Italiener Kellner. Angesichts solcher Gefühlslagen lässt die Harmonie zwischen Berlin und Wien stark zu wünschen übrig. Das Verhältnis war schon mal besser.

Und es wird noch schwieriger, nachdem Wilhelm II. plötzlich einen Sinneswandel vollzieht. Bisher war er immer der Meinung gewesen, der Dreibund müsse sich mit Bulgarien verbünden und gegen Serbien zusammenstehen. Das war ganz die österreichische Linie. Doch auf einmal ist er ganz anderer Ansicht, nimmt nun eine dezidiert antibulgarische Haltung ein und rät den Österreichern, sich mit den Serben zu verbünden und gemeinsam gegen Bulgarien vorzugehen. Solche Ratschläge aus Berlin haben in Wien nun wirklich gerade noch gefehlt!

Verbünden mit den Serben? Wie kommt der deutsche Kaiser nur auf diese Idee? Die Serben sind doch unter all den slawischen Völkern in der Region die mit Abstand unsichersten Kantonisten! Wenn es einem slawischen Volk auf dem Balkan gelingen könnte, eine solche panslawistische Anziehungskraft zu entfalten, dass sich die verschiedenen slawischen Völker unter seinem Banner vereinigen könnten, dann sind es die Serben. Und hinter den Serben, das ist deutlich zu sehen, stehen die Russen. Sie sind es, die die panslawistische Propaganda vorantreiben und die Serben ständig zum Aufbegehren ermuntern! Sie wollen Österreich-Ungarn schaden, und nutzen die Serben – ihr „slawisches Brudervolk" – für ihre Interessen auf dem Balkan. Sieht das der deutsche Kaiser nicht?

Vor einem großen Erwachen des Panslawismus auf dem Balkan hat Österreich-Ungarn furchtbare Angst. Sollten die Slawen in Südosteuropa zusammenfinden und gemeinsam gegen die Deutsch-Österreicher vorgehen, dann wäre der Vielvölkerstaat Österreich-Ungarn möglicherweise bald schon am Ende. Stattdessen muss man die slawischen Völker gegeneinander ausspielen, sie spalten und ihre Konkurrenz und Gegensätzlichkeiten verstärken. Dabei muss man allerdings aufpassen, dass man sich mit dem Richtigen verbündet, und das ist Bulgarien, und gegen den Richtigen ankämpft, und das ist Serbien. Nicht umgekehrt. Auch die Bulgaren haben zwar Verbindungen zu den Russen, aber sie sind das kleinere Übel. Und sie sind die einzigen, die sich den Machtansprüchen der Serben auf dem Balkan entgegenstellen können. Das Ansinnen des deutschen Kaisers dagegen, sich mit Serbien zu verbünden, ist Unsinn. Und davon abgesehen: Wie lässt sich dieses Ansinnen eigentlich mit dem merkwürdigen Gerede von einem bevorstehenden Rassenkrieg zwischen Germanen und Slawen in Einklang bringen, das ja nicht nur der deutsche Generalstabschef von Moltke, sondern auch Kaiser Wilhelm persönlich immer wieder anstimmt? Wohl überhaupt nicht!

Eine versöhnliche Note zwischen den beiden so unterschiedlich gepolten Verbündeten hält dieser Februar 1913 dann aber auch noch bereit. In einem persönlichen Schreiben wendet sich der deutsche Kaiser an den österreichischen Thronfolger und bittet ihn um Schritte der Abrüstung. Es seien vor allem die militärischen Maßnahmen Österreich-Ungarns und Russlands, die keine Beruhigung in

Europa aufkommen ließen, schreibt Wilhelm an Franz Ferdinand. Und schlägt ihm vor, das Datum des 300jährigen Jubiläums des Hauses Romanow zum Anlass für eine Abrüstungsinitiative zu machen. Die Russen würden diese Idee zweifellos mit Dankbarkeit aufnehmen und sich der Initiative anschließen. Tatsächlich greift Franz Ferdinand diesen Vorschlag des deutschen Kaisers auf, und tatsächlich kommt es zwischen Russland und Österreich-Ungarn zu einer gewissen Entspannung. Die grundlegenden Differenzen zwischen beiden sind damit natürlich nicht ausgeräumt. Für den Augenblick aber ist etwas Erleichterung geschaffen, und das ist in dieser Zeit der Anspannung ganz ohne Zweifel viel wert.

März 1913

Wilhelm II. hält an seiner neuen Balkanpolitik fest: Bulgarien heißt jetzt der Gegner, gegen den es einzuschreiten gilt. Die großen militärischen Erfolge der Bulgaren im Balkankrieg machen ihm Sorgen. Hatte er noch vor kurzem gehofft, Bulgarien könnte der neue starke Verbündete der Deutschen in Südosteuropa werden, so glaubt er nun, Bulgarien stecke mit der Triple-Entente unter einer Decke. So wie die Österreicher die Russen hinter Serbien sehen, sieht Wilhelm sie hinter Bulgarien. Russland wird Bulgarien benutzen, so fürchtet er, um seinen Einfluss über Konstantinopel bis nach Kleinasien auszudehnen. Das soll aber, so wünscht er, deutsches Einflussgebiet werden. Also muss gegen die Bulgaren vorgegangen werden! Sein neuer Plan:

es muss ein großes Bündnis gegen Bulgarien organisiert werden, um einen festen Ring um das Land zu ziehen. Der Dreibund aus Deutschland, Österreich-Ungarn und Italien muss sich dazu mit Serbien, Griechenland, Rumänien und der Türkei zusammenschließen. Dann hat Bulgarien keine Chance. Dafür aber muss Wien seine Politik gegenüber Serbien natürlich vollkommen ändern. „Die Politik Wiens Serbien gegenüber war verfehlt!" schreibt der deutsche Kaiser, „Man sehe den Fehler ein, redressire ihn, und gewähre Serbien Rückhalt, den es Bulgarien gegenüber braucht und wünscht."

Die neuen Wünsche Wilhelms werden auf diplomatischem Wege dem österreichischen Außenminister Berchtold mitgeteilt. Der ist wenig begeistert. Mit einer Annäherung an Rumänien ist man in Wien sehr einverstanden, nicht aber mit einer an Serbien. Stattdessen setzt man weiter auf Bulgarien. Damit scheint man gut beraten zu sein, denn die Bulgaren machen riesige Territorialgewinne auf osmanischem Boden. Nach viermonatiger Belagerung nehmen sie am 26. März 1913 die Stadt Adrianopel ein, obwohl die gemeinhin als uneinnehmbar gilt. Oberstes Ziel der österreichisch-ungarischen Regierung sei es, so teilt Außenminister Berchtold den Deutschen mit, Bulgarien und Rumänien zusammen an den Dreibund heranzuziehen. Doch Wilhelm ist weiterhin anderer Meinung: Serbien und Rumänien an den Dreibund heranzuziehen sei viel leichter als Bulgarien und Rumänien, denn Bulgarien hänge fest an Frankreich und Russland. Österreich solle die Entwicklung Serbiens fördern und seine Truppen an der serbischen Grenze zurückziehen, schlägt der deutsche Kaiser vor. Dann würde sich auch das Verhältnis zwischen Österreich-Ungarn und Russland verbessern. In Wien kann man solchen Ideen nach wie vor nichts abgewinnen. Man wird sich nicht einig zwischen Donau und Spree.

Und auch die neue Liebe des deutschen Kaisers zu Griechenland weckt bei den Verbündeten wenig Begeisterung, denn Griechenland will sich eine starke Position an der Adria aufbauen, und davon hält man in Rom und Wien herzlich wenig. Für Wilhelm aber ist Griechenland ein fester Bestandteil seines künftigen Ringes, den er um Bulgarien ziehen will. Die Befürchtung seiner beiden Bündnispartner, Griechenland werde bald schon unter den Einfluss der Triple-Entente geraten, teilt er überhaupt nicht. Er glaubt fest, Griechenland werde sich an der Seite des Dreibunds positionieren. Am 18. März 1913 wird schließlich Wilhelms Schwager Konstantin I. König von Griechenland. Er hat in Heidelberg und Leipzig studiert, gilt als deutschlandfreundlich und ist mit Wilhelms Schwester Sophie verheiratet. Natürlich wird überall vermutet, dass Wilhelm deshalb jetzt eine so griechenlandfreundliche Position vertritt. Der Kaiser aber bestreitet das, beides habe nichts miteinander zu tun. Doch man glaubt ihm nicht recht. Er hat jetzt allerbeste Beziehungen nach Athen. In Rom und Wien aber bleibt man weiterhin skeptisch in Bezug auf Griechenland. Und die berüchtigte Eigenmächtigkeit des deutschen Staatsoberhaupts zerrt weiter an den Nerven der beiden Bündnispartner im Dreibund.

Im März 1913 arbeitet Reichskanzler Bethmann Hollweg an der Vorbereitung der Heeresvorlage, mit der die Aufstockung der deutschen Landstreitkräfte vom Reichstag beschlossen werden soll. Die Sache hat es in sich und nimmt viel Zeit in Anspruch, und der Kaiser wird immer ungeduldiger. Da bekommt der Kanzler vom Kaiser einen englischen Zeitungsausschnitt zugeschickt und wird gebeten, ihn an Kriegsministerium und Generalstab weiterzuleiten. Bethmann Hollweg liest den Artikel und ist entsetzt. Der Verfasser behauptet, Deutschland werde von ängstlichen und tatenlosen Bürokraten regiert, und der Kaiser hat den Vermerk „stimmt" an den Rand geschrieben. Was soll diese Provokation? Bethmann Hollweg schreibt an den Kaiser, er könne dieses Urteil nicht annehmen, zumal jetzt, wo er die Heeresvorlage durchzukämpfen habe. Und an Kriegsministerium und Generalstab werde er den Artikel auch nicht weiterleiten, denn das Bekanntwerden der Kritik des Kaisers würde die Zusammenarbeit mit den Generälen unmöglich machen.

Der Kaiser beschwichtigt. Bethmann Hollweg solle das Ganze doch nicht auf sich beziehen. Ihn habe er gar nicht gemeint. Und natürlich halte er ihn auch nicht für einen Bürokraten. Man müsse gegenüber Zeitungsartikeln gelassener sein. Bethmann Hollweg nimmt das zur Kenntnis. Aber richtig zufriedenstellend sind diese Einlassungen nicht. Wie sehr auch immer Wilhelm jetzt zurückrudern mag: der Kanzler hat den Kaiser schon ganz richtig verstanden. Ihm dauert alles zu lange, ist alles zu langwierig und alles zu schwerfällig. Auch das mit der Heeresvorlage müsste schneller gehen. Mit Bethmann Hollweg ist er schon länger nicht mehr richtig zufrieden. Aber eine Alternative bietet sich eben auch nicht an. Zumindest im Moment nicht. Der Kanzler kann ein wenig erleichtert sein, er muss kein Rücktrittsgesuch einreichen, und der Kaiser gibt sich versöhnlich. Trotzdem hat Bethmann Hollweg diesen Schuss vor den Bug verstanden. Bei Wilhelm II. muss man eben immer auf der Hut sein und mit irgendwelchen Querschlägern rechnen. Eigentlich eine Zumutung, wie man als Kanzler vom Kaiser behandelt wird!

Während die Friedensverhandlungen in London nicht recht vorankommen und man sich zwischen Wien und Berlin weiter uneins ist, ob man nun besser Bulgarien oder besser Serbien unterstützen soll, werden auf dem Balkan Fakten geschaffen. Die Türken müssen immer weitere Niederlagen einstecken. Ihre Herrschaft in Südosteuropa scheint nach Jahrhunderten osmanischer Vormachtstellung jetzt an ihr Ende zu kommen. Bulgaren, Serben, Griechen und Montenegriner setzen den türkischen Truppen stark zu und erobern immer weitere Teile des osmanischen Territoriums. Während Bulgarien von Norden her immer tiefer in osmanisches Gebiet vordringt, rücken im Nordwesten Serbien und Montenegro und im Südwesten Griechenland vor. Doch im Westen gibt es ein spezielles Problem: Hier leben Albaner, und die haben schon Ende November letzten Jahres gegen die osmanische Herrschaft rebelliert, ein selbständiges, unabhängiges und freies Albanien proklamiert und eine eigene Regierung ins Leben gerufen. Die Botschafterkonferenz in London hat den neuen Staat ausdrücklich anerkannt, er soll einer der Nachfolgestaaten des Osmanischen Reiches in Südosteuropa werden. Die Mitglieder des Balkanbunds aber – Bulgarien, Serbien, Griechenland und Montenegro – sehen das ganz anders. Sie wollen das osmanische Erbe unter sich allein aufteilen. Einen neuen Staat namens Albanien haben sie nicht auf ihrer Agenda. Also rücken Serbien, Montenegro und Griechenland ungerührt auch auf Territorien vor, die eigentlich für das künftige Albanien vorgesehen sind. Dass das den Beschlüssen der Botschafterkonferenz in London fundamental widerspricht, kümmert sie nicht sonderlich. Papier ist geduldig.

Das Vordringen insbesondere serbischer und montenegrinischer Truppen auf albanisches Territorium lässt bei den Österreichern die Alarmglocken klingeln. Gerade sie hatten sich für die Errichtung eines Staates Albanien stark gemacht – und das aus gutem Grund, denn Albanien hat einen Zugang zur Adria, und der soll auf keinen Fall den gefürchteten Serben in die Hände fallen. Vor allem auf Skutari, die bedeutendste Stadt Nordalbaniens, haben es Serben und Montenegriner offenbar abgesehen. Im März 1913 belagern ihre Truppen gemeinsam Skutari, das vom türkischen Kommandanten verteidigt wird. Die Wiener Regierung will auf gar keinen Fall, dass sie sich diesen wichtigen Fleck unter den Nagel reißen, und protestiert auf der Londoner Konferenz gegen das Vorgehen Serbiens und Montenegros. In Nordalbanien kommt es gleichzeitig zu schrecklichen Massakern von Serben und Montenegrinern an der albanischen Bevölkerung. Die grausame Tradition der sogenannten „ethnischen Säuberungen" auf dem Balkan hat begonnen. Auch dagegen protestiert die Wiener Regierung in London, aber Gehör findet sie nicht. Den Beteiligten hier geht es um die Interessen der europäischen Großmächte. Humanitäre Fragen stehen nicht im Mittelpunkt.

Wilhelm II. ist hin- und hergerissen. Einerseits ist ihm Albanien egal. Die Österreicher sollen wegen dieses zweifelhaften Konstrukts nicht so viel Aufhebens machen und zur Not auf einen Staat Albanien einfach verzichten. Schließlich wäre ein Balkan ohne diesen Staat auch kein großes Unglück. Die Weiden für die Ziegen von Skutari seien nicht so bedeutungsvoll, hat er schon Ende Februar dem österreichischen Thronfolger geschrieben, dass sich Österreich-Ungarn und Russland dafür halbgerüstet gegenüberstehen müssten. Andererseits ärgert es ihn auch, dass Serben und Montenegriner so nonchalant über einen Beschluss der Londoner Konferenz hinweggehen können, und die dagegen so überhaupt nichts unternimmt. Dahinter steckt Russland, meint Wilhelm, das seine schützende Hand über Serbien und Montenegro hält und auf England einen solchen Einfluss hat, dass es jede Maßnahme zuungunsten seiner Schützlinge verhindern kann. Die können dadurch machen, was sie wollen. Der Panslawismus regiert in London, meint der Kaiser. Mehr und mehr kommt Wilhelm zu dem Schluss, dass der Dreibund jegliche Autorität verliert, wenn er sich das widerspruchslos gefallen lässt.

Auch in Wien ist man mit den erschreckenden Vorgängen in Albanien und der handlungsunfähigen Londoner Konferenz alles andere als zufrieden. Aber wie soll man auf diese unerfreuliche Situation reagieren? Der österreichische Generalstabschef Conrad plädiert entschieden für ein militärisches Vorgehen gegen Serbien und Montenegro. Das ist nicht überraschend, denn Conrad ist bekannt für seine Neigung zu kriegerischen Maßnahmen. Aber er trifft dabei regelmäßig auf den Widerspruch derjenigen, die in Wien entschieden für die Erhaltung des Friedens eintreten. Und die sind sehr einflussreich: zu ihnen gehören Außenminister Berchtold, Thronfolger Franz Ferdinand und kein geringerer als der greise Kaiser Franz Joseph selbst. Sie wollen eine politische Lösung und fürchten die Eskalation, die droht, falls Russland nach einem militärischen Eingreifen Österreich-Ungarns seinerseits militärisch eingreifen würde. Conrad dagegen schlägt vor, Serbien und Montenegro ultimativ zur Räumung Albaniens aufzufordern und im Falle der Weigerung gegen beide zu mobilisieren. Die Gefahr, die dabei von Russland drohe, müsse in Kauf genommen werden, so Conrad, aber eine dezidierte Haltung Deutschlands werde diese Gefahr wohl abwenden können. Doch an genau dieser dezidierten Haltung Deutschland mangelt es. Die Deutschen haben immer noch kein Interesse daran, wegen des Balkans einen Krieg mit Russland – und vermutlich auch mit Frankreich und England – zu riskieren.

Das Argument der Deutschen und Österreicher allerdings, die europäischen Großmächte würden sich lächerlich machen, wenn sie tatenlos zusehen, wie kleine Mächte wie Serbien und Montenegro völlig bedenkenlos Beschlüsse der Londoner Konferenz missachten, ist nicht von der Hand zu weisen. Vor allem die Briten sehen ein, dass die Großmächte etwas unternehmen müssen, wollen sie nicht als Papiertiger dastehen. Die Regierung in London ist in einer schwierigen Lage: sie will ihrem Bündnispartner Russland, das mit Serbien und Montenegro verbunden ist, nicht vor den Kopf stoßen, aber sie kann auch nicht einfach ignorieren, dass Serbien und Montenegro massiv gegen die Londoner Beschlüsse verstoßen. Doch alle Versuche, die beiden Balkanstaaten auf diplomatischem Wege zum Einlenken zu bewegen, bleiben erfolglos. König Nikita von Montenegro macht deutlich, dass er unter keinen Umständen gewillt ist, sich aus Albanien zurückzuziehen, und setzt seine Offensive gegen Skutari ohne Unterlass fort. Damit werden nicht nur Österreich-Ungarn und Deutschland, sondern die europäischen Mächte insgesamt düpiert und vorgeführt.

Die deutschen Vertreter in London schlagen nun eine gemeinsame Flottendemonstration in der Adria vor: die europäischen Großmächte sollen Kriegsschiffe vor die Küste Montenegros entsenden und mit einer Drohgebärde die montenegrinische Regierung zum Einlenken bewegen. Die Briten signalisieren Einverständnis, Russen und Franzosen aber reagieren erwartungsgemäß reserviert. Doch die Idee ist damit noch nicht tot. Je länger sich Serben und Montenegriner widersetzen, desto stärker reift bei den europäischen Großmächten der Gedanke, es vielleicht doch einmal mit der vorgeschlagenen Flottendemonstration zu probieren. Vielleicht kommt es also doch noch zu einer gemeinsamen Aktion der zerstrittenen Großmächte gegen die beiden Balkanstaaten. Ende März 1913 wird dafür zumindest von Deutschen, Österreichern und Briten geworben.

April 1913

Kaiser Wilhelm ist euphorisch. Seine Diplomaten haben ihm Großartiges mitgeteilt: die Briten sind jetzt bereit, bei der Flottendemonstration vor Montenegro an der Seite der Deutschen und Österreicher auch dann mitzumachen, wenn sich Russen und Franzosen weiter verweigern. Etwas Besseres könnte gar nicht passieren! Schon lange prophezeit Wilhelm, dass die Triple-Entente zerbrechen und England auf die Seite des Dreibunds wechseln wird. Jetzt endlich ist es soweit! Denn eines ist doch klar, meint der Kaiser: Wenn England gemeinsam mit Deutschland und Österreich-Ungarn seine Flotte vor Montenegro auffahren lässt, obwohl Russland und Frankreich dagegen sind und sich die Russen sogar als Schutzmacht der Montenegriner gerieren, dann ist die Triple-Entente aus Briten, Franzosen und Russen am Ende. Dann sind die Briten endgültig in einem Boot mit Deutschen, Österreichern und Italienern. Der Kaiser triumphiert, er jubelt, er überschlägt sich vor Begeisterung. Das, was er schon lange vorhergesagt hat, wird endlich wahr!

Doch es kommt anders. Angesichts der britischen Entschlossenheit schwenken nun auch Russland und Frankreich um. Russland unterstützt die Flottendemonstration zwar nur politisch und nicht mit eigenen Schiffen, aber immerhin verweigert es sich nicht länger. Frankreich beteiligt sich sogar direkt, nachdem Russland dem zugestimmt hat. So kommt es Anfang April 1913 also tatsächlich zu einer gemeinsamen Aktion der europäischen Großmächte gegen Serbien und Montenegro. Gemeinsam lassen sie ihre Kriegsflotten in der Adria auffahren. Gemeinsam senden sie ein Signal der Entschlossenheit an die beiden Balkanstaaten. Und gemeinsam erreichen sie damit gar nichts. Serbien und Montenegro lassen sich nicht einschüchtern. Das Signal der Entschlossenheit verhallt ungehört. Die Großmächte gehen nun einen Schritt weiter und blockieren die Küste vor Skutari, um wenigstens die Landung zusätzlicher serbischer Truppen zu verhindern. Aber auch das hat keinen Erfolg. Serbien und Montenegro setzen ihre Belagerung Skutaris ungerührt fort. Bis auf weiteres sind die Großmächte mit ihrem Latein am Ende. Die gemeinsame Flottendemonstration ist ein Fehlschlag.

Den Österreichern reißt jetzt langsam der Geduldsfaden. Wenn eine Blockade zur See nicht ausreicht, um die Serben und Montenegriner zur Räson zu bringen, dann müssen eben Bodentruppen geschickt werden. Dabei aber machen Russland, Frankreich und England auf gar keinen Fall mit. Und nicht nur sie verweigern sich. Auch der Dreibundpartner Italien erklärt, dass er bei einer solchen Aktion außen vor bleiben würde. Überhaupt hat sich Italien in der ganzen Skutari-Affäre bisher auffallend zurückgehalten. Über den Hintergrund dieser Zurückhalten kann man nur spekulieren, aber ein zentrales Motiv scheint auf der Hand zu liegen: Zwischen dem italienischen und dem montenegrinischen Königshaus gibt es verwandtschaftliche Beziehungen. Wahrscheinlich will man den Verwandten auf der anderen Seite der Adria nicht allzu sehr auf die Füße treten. So wie Wilhelm seine besonderen Beziehungen zu

Griechenland pflegt, pflegt man sie in Rom eben zu Montenegro. Die Italiener schlagen deshalb vor, die Verhandlungen mit Montenegro wiederaufzunehmen und den Montenegrinern eine stattliche Abfindung anzubieten, wenn sie freiwillig auf Skutari verzichten. Doch die Österreicher finden diesen Vorschlag empörend. Dem dreisten König Nikita für seine Unverschämtheit auch noch Geld in den Rachen zu schmeißen, kommt für sie überhaupt nicht in Frage. Diese Art von Bestechung empfinden sie als würdelos. Und was soll das für ein Signal an die anderen aufmüpfigen Balkanvölker sein? Dass man für Unbotmäßigkeit belohnt wird? Außerdem ist der Vorschlag nicht neu. Schon im Februar sind die Italiener damit gekommen. Jetzt wiederholen sie nur ihre alte Idee. Die Diplomaten in London versuchen aber schon längst, die Montenegriner mit Geldversprechungen zu ködern und zum Einlenken zu bewegen. Bisher ohne Erfolg. Warum sollte das also jetzt auf einmal funktionieren?

Die Euphorie Wilhelms II. ist verflogen. Auch für ihn ist es nicht gut gelaufen mit der Flottendemonstration. Das vorausgesagte Auseinanderbrechen der Triple-Entente ist nicht eingetreten. Großbritannien befindet sich immer noch im Bündnis mit Frankreich und Russland. Der Zusammenhalt im Dreibund dagegen lässt zu wünschen übrig, da Italien bei der Politik des Dreibunds gegenüber Montenegro nicht richtig mitzieht. Nach dem Misserfolg der Flottendemonstration aber ist guter Rat teuer, und das im wahrsten Sinne des Wortes. Auch Wilhelm kann sich jetzt eine Geldzahlung an Montenegro vorstellen, wenn die Montenegriner dafür freiwillig abziehen. Aber ideal ist diese Lösung natürlich nicht. Und es kommt auch nicht dazu.

Viele andere Möglichkeiten aber gibt es jetzt nicht mehr. Sollte der Dreibund allein und auf eigene Faust gegen Serbien und Montenegro vorgehen, ergibt sich sofort wieder die alte Gefahr eines Eingreifens Russlands, wodurch wiederum die Gefahr eines Weltkriegs heraufbeschworen wäre. Eigentlich will der Kaiser das nicht riskieren. Aber vielleicht wird er es nun dennoch tun, denn wenn überhaupt nichts geschieht, und Serbien und Montenegro in Albanien einfach ungestraft so weitermachen können wie bisher, dann wird das einen unglaublichen Ansehensverlust für Österreich-Ungarn zur Folge haben. Als europäische Großmacht könnte die Donaumonarchie dann sofort abdanken. Und auch für den Dreibund insgesamt würde das einen deutlichen Autoritätsverlust bedeuten. Das jedoch will der Kaiser auf keinen Fall. Also ändert er jetzt seine Meinung in Hinblick auf einen Alleingang des Dreibunds. Er befürwortet ihn jetzt und fordert ausdrücklich, die proklamierte Autonomie Albaniens müsse nun endlich auch durchgesetzt werden – auch mit der Waffe in der Hand. Dabei hatte er noch vor wenigen Tagen zu verstehen gegeben, dass man auf einen Staat Albanien durchaus auch verzichten könne, wenn der sich nun einmal nicht durchsetzen ließ. Doch es geht jetzt nicht mehr um Albanien. Es geht jetzt ums Prinzip. Der Dreibund muss zeigen, dass er kein Papiertiger ist und sich auf dem Balkan durchsetzen kann. Das Risiko einer Konfrontation mit Russland muss dann eben in Kauf genommen werden. Weit kommt der Kaiser mit dieser neuen

Marschrichtung allerdings nicht, denn Italien weigert sich mitzumachen. Damit ist der Plan eines Alleingangs des Dreibundes erst einmal erledigt, und Wilhelm kommt erneut zu dem Schluss, man müsse auf einen Staat Albanien dann eben verzichten. Er selbst ist sowieso kein Freund der Albanien-Idee. In Wien herrscht tiefe Enttäuschung, aber Wilhelm warnt die Österreicher ausdrücklich davor, auf eigene Faust loszuschlagen. Österreich-Ungarn dürfe sich nicht isolieren. Die Wankelmütigkeit des Kaisers in diesen Tagen ist eklatant. An einem Tag erklärt er, ein selbständiges Albanien müsse unbedingt durchgesetzt werden, am nächsten Tag, er könne auf Albanien auch verzichten. Aber die Lage ist eben auch verworren und ein Ausweg bis auf weiteres nicht auszumachen.

Endlich kommt wieder ein bisschen Bewegung in die leidige Skutari-Frage. Sie kommt überraschenderweise aus Russland. Wie in Wien gibt es auch in St. Petersburg Hardliner, die es auf einen Krieg ankommen lassen möchten, und Moderate, die ihn verhindern wollen. Und wie in Wien setzen sich auch in St. Petersburg letztendlich die Moderaten durch. Die Hardliner, die die panslawistische Karte auf dem Balkan spielen wollen, müssen zurückstecken. Der russische Außenminister Sasonow fordert nun Serbien und Montenegro zum Nachgeben auf, und tatsächlich ziehen sich die Serben daraufhin von Skutari zurück. Die Montenegriner allerdings bleiben und kämpfen weiter. Selbst der Einspruch aus St. Petersburg kann sie also nicht stoppen. In Wien plädiert nun der österreichische Generalstabschef Conrad bei Kaiser Franz Joseph erneut dafür, das Konzert der europäischen Mächte zu verlassen und die Interessen Österreich-Ungarns mit der Waffe zu vertreten.

Bei Wilhelm II. regt sich indes eine alte Hoffnung neu. Die Briten, mit denen er sich ja trotz aller Gegensätze noch immer eng verbunden fühlt, werden am Ende vielleicht doch noch auf die Seite des Dreibundes wechseln. Oder zumindest eine neutrale Position einnehmen. Wichtig ist nur, dass im Kriegsfalle die Russen als Angreifer dastehen und Österreich-Ungarn als verfolgte Unschuld. Dann werden die Briten vielleicht doch ihre Unterstützung für Russland und Frankreich endlich aufgeben. Schon im März hatte Wilhelm wieder leichte Hoffnungsschimmer in dieser Richtung gehabt. Bei der politischen Vorbereitung und Durchsetzung der Flottendemonstration vor Montenegro hatte es ja gewisse Signale gegeben, die sich in diesem Sinne deuten ließen. Jetzt ist sein Bruder Prinz Heinrich in London und schreibt einen enthusiastischen Bericht über seinen Besuch bei König Georges V. Der König befinde sich in Bezug auf die Gesamtlage der europäischen Politik in völliger Übereinstimmung mit der deutschen Regierung, lässt Prinz Heinrich seinen kaiserlichen Bruder wissen. Wilhelm ist erfreut. Möglicherweise wendet sich im Verhältnis zu den Briten ja doch noch alles zum Guten! Doch die Hoffnung trügt erneut. Großbritannien bleibt weiter fest an der Seite seiner beiden Bündnispartner. Das Schema wiederholt sich. Wir kennen es schon: Großen und übertriebenen Hoffnungen des Kaisers folgen immer wieder tiefe Enttäuschung und Trotz. Immer wieder will er die Briten zu Verbündeten machen. Aber nur zu seinen Bedingungen. Und immer wieder ist er tief enttäuscht, wenn sie sich darauf nicht einlassen.

In London geht derweil die internationale Konferenz zur Beilegung des Balkankonflikts weiter. Am 23. April 1913 platzt mitten in die Verhandlungen die Nachricht, dass Montenegro Skutari eingenommen hat. Die Krise erreicht damit ihren Höhepunkt. Die europäischen Großmächte werden durch das kleine und unscheinbare Montenegro düpiert. All ihre wochen- und monatelangen Verhandlungen und Aktionen sind jetzt gescheitert. Die Botschafter in London wissen nicht mehr weiter. Und auch der deutsche Kaiser verliert nun den letzten Rest von Vertrauen, den er noch in die Londoner Konferenz gehabt hat. Die Konferenz unternehme auf die Einnahme von Skutari hin nichts Energisches mit Ausnahme von Phrasen, beklagt sich Wilhelm II., sie sei pflaumenweich, betreibe Vogelstraußpolitik und zeige jammervolle Schlappheit. Weitere Verhandlungen mit Montenegro lehnt er ab und erwartet, dass sich die Konferenz nun endlich zu einem militärischen Vorgehen durchringen wird. Wenn Russland, Frankreich und England dabei schon nicht selbst gegen Montenegro einschreiten mögen, so sollen sie doch wenigstens einem Einschreiten Österreich-Ungarns ihre Zustimmung geben, wünscht sich der deutsche Kaiser. Die Wiener Regierung würde dann im Namen und im Auftrag der Londoner Konferenz ihre Truppen entsenden, und die Konferenz würde Wien ein entsprechendes Mandat erteilen. Das aber geschieht nicht. Man will in London lieber weiter verhandeln. Vielleicht kann man Montenegro ja zur freiwilligen Räumung Skutaris bewegen.

Doch in Österreich-Ungarn will sich niemand mehr auf solche kaum begründeten Hoffnungen einlassen. Und auch Wilhelm II. hat jetzt endgültig genug vom Verhandeln und vollzieht mal wieder einen Positionswechsel. Noch vor kurzem hat er die Österreicher ausdrücklich vor einem Alleingang gewarnt. Jetzt macht er deutlich, dass er sich einen solchen Alleingang durchaus vorstellen kann und ihn auch unterstützen würde, falls sich die Londoner Konferenz weiterhin nicht zum Eingreifen entschließt. Für die Frustration der Deutschen und Österreicher und ihre Entschlossenheit, gegen das Vorgehen Montenegros in Albanien jetzt endlich etwas zu unternehmen, haben mittlerweile auch die Mächte der Triple-Entente ein gewisses Verständnis. Über diskrete diplomatische Kanäle lässt der russische Außenminister Sasonow andeuten, dass er sich mit dem Gedanken einer österreichischen Separataktion gegen Montenegro durchaus abfinden könne. Und der britische Außenminister Grey erklärt, er würde eine militärische Aktion zur Durchsetzung der Londoner Beschlüsse über Skutari nicht verhindern. Auch die Mächte der Triple-Entente wollen keinen Weltkrieg wegen einer albanischen Stadt. Das mit einem militärischen Eingreifen verbundene Risiko für Österreich-Ungarn wird dadurch geringer. Weg ist es aber nicht. Die Dynamik einer solchen Aktion ist kaum zu steuern, wenn sie erst einmal begonnen hat. Dennoch: Ein österreichischer Schlag gegen Montenegro wird jetzt immer wahrscheinlicher. Aber noch ist es nicht so weit. Noch bemüht man sich weiter um eine diplomatische Lösung der Krise und schickt von London aus eine Note an Montenegro. Es soll sich endlich aus Skutari zurückziehen. Die Antwort: Die montenegrinische Regierung lehnt die Forderung der Großmächte ab und bestreitet deren Berechtigung, in der Sache überhaupt irgendetwas zu entscheiden. Skutari soll ein Teil Montenegros bleiben.

Mai 1913

In Wien und Berlin schlägt die Stimmung um. Die Verweigerung der montenegrinischen Regierung gegen jegliche Bemühungen, sie zum Nachgeben in der Skutari-Frage zu bewegen, entmutigt alle, die sich bisher für eine friedliche Lösung eingesetzt haben. So mancher ändert nun seine Meinung. Selbst der österreichische Außenminister Berchtold, der sich den Appellen zum Losschlagen von Generalstabschef Conrad bislang immer erfolgreich widersetzt hat, wird nun zum Befürworter eines Militärschlags. Österreich-Ungarn bereitet sich jetzt auf einen Einsatz seiner Armee gegen den renitenten Kleinstaat an der Adria vor. Und auch in Berlin stehen die Zeichen auf Sturm. Die politischen Impulse an den Bündnispartner in Wien kehren sich seltsam um. Hat man die Österreicher noch vor kurzem vor einem Alleingang gewarnt, so sorgt man sich nun, dass man in Wien nicht entschieden genug zu einem Eingriff entschlossen sein könnte. Der Verbündete im Südosten wird ausdrücklich zum Zuschlagen ermutigt. Es geht jetzt darum, die Ehre der Dreibundstaaten zu verteidigen und klarzustellen, dass man sich eine solche Unbotmäßigkeit eines unbedeutenden Kleinstaats auf dem Balkan nicht bieten lässt. Die Empörung über das aufmüpfige Montenegro ist grenzenlos. Und auch von der Londoner Konferenz will man jetzt nichts mehr wissen.

Auch Kaiser Wilhelm persönlich schäumt vor Wut. Er ist wieder einmal maßlos enttäuscht vom Verhalten der Engländer. Auch diesmal haben sie seine Erwartungen nicht erfüllt und die Triple-Entente mit Frankreich und Russland immer noch nicht verlassen. Besonders über den britischen Außenminister Sir Edward Grey ist er verärgert, der auf der Londoner Konferenz das große Wort führt, mit seinen diplomatischen Spielchen den Dreibund aber nur an der Nase herumführt. Ein ehrlicher Vermittler zwischen den Staaten will er sein, tatsächlich aber steht er ganz auf der Seite Frankreichs und Russlands, während ihm die Interessen Deutschlands und Österreich-Ungarns egal sind. Unverschämt und illoyal ist dieses Verhalten! Überhaupt ist es ein Trauerspiel, wie abhängig England von Frankreich geworden ist. Was würde Nelson dazu sagen?! Mit Grey, so Wilhelm, ist keine Politik mehr zu machen.

Doch der deutsche Kaiser tut dem britischen Außenminister Unrecht. Grey ist sich der Lage Österreich-Ungarns durchaus bewusst, und er hat auch keineswegs vor, die österreichischen Interessen einfach zu übergehen. Mit viel Geduld und über lange Zeit hat er versucht, Montenegro auf friedlichem Wege zum Einlenken zu bewegen – ohne jeden Erfolg. Jetzt hat auch er genug von der Verweigerungshaltung in Montenegros Hauptstadt Cetinje. In Wien bläst man nun zum Kampf, doch in Cetinje stellt man sich immer noch stur. Greys Friedensmission steht kurz vor ihrem endgültigen Scheitern. Der britische Außenminister macht der montenegrinischen Regierung nun unmissverständlich klar, dass sie nur zwischen zwei Alternativen wählen kann: entweder zieht sie sich aus Skutari zurück, oder sie wird es mit einem Eingreifen der österreichischen Armee zu tun bekommen. Lässt sie es aber tatsächlich so weit kommen, dass Österreich-Ungarn seine Truppen gegen Montenegro in Marsch setzt, dann kann sie zumindest nicht mehr auf die Unterstützung durch die britische Regierung hoffen. Am weiteren Schicksal Montenegros hätte Großbritannien dann kein Interesse mehr. Selbst wenn Österreich-Ungarn das Land besetzen sollte, wäre den Briten das dann egal.

In Österreich-Ungarn werden derweil die Truppen an der Grenze zu Montenegro mobilisiert. Und auch in Deutschland werden Erkundigungen über die Einsatzbereitschaft der Armee eingeholt. Am 5. Mai 1913 treffen sich der deutsche Generalstab und Admiralstab zu einer gemeinsamen Beratung. Ein Krieg scheint unmittelbar bevor zu stehen. Da trifft die Nachricht ein, dass König Nikita I. von Montenegro nun endlich bereit ist, Skutari zu räumen. Die massiven Drohungen mit einer militärischen Intervention haben auf den widerspenstigen Monarchen nun doch endlich Eindruck gemacht. Erleichterung macht sich breit. Der Krieg ist abgesagt. Zumindest bis auf weiteres. Aber die Affäre hat erneut gezeigt, wie brüchig der europäische Frieden ist. Was zu Beginn der Krise noch undenkbar erschienen war – dass wegen des Streits um eine eigentlich wenig bedeutenden Stadt an der Adria ein Weltkrieg entsteht – wäre an ihrem Ende fast eingetreten. Diese besorgniserregende Erfahrung hinterlässt ihre Spuren bei den Beteiligten. Leider nicht unbedingt solche, die den Frieden sicherer machen. Im Gegenteil, so manch einer, der in den europäischen Hauptstädten politische Verantwortung trägt, zieht aus der Angelegenheit den Schluss, das weitere schnelle Aufrüstung noch wichtiger ist, als man das bisher ohnehin schon gesehen hat. Die Rüstungsspirale dreht sich weiter. In Deutschland bemüht man sich nun mit noch mehr Nachdruck darum, den Kaiser-Wilhelm-Kanal möglichst schnell so weit auszubauen, dass die großen Schlachtschiffe der deutschen Kriegsflotte ohne den langen Umweg über Skagerrak und Kattegat von der Ostsee in die Nordsee gelangen zu können. Ein Krieg gegen England bleibt also weiter im Kalkül. Und Wilhelm II. ist mehr denn je überzeugt, dass der von ihm prophezeite große Krieg zwischen Germanentum und Slawentum bald beginnen wird. Er sei nicht mehr zu umgehen und komme sicher, meint der deutsche Kaiser. Nein, zum mehr Friedfertigkeit in Europa hat die Skutari-Krise nicht geführt.

König Nikita I. von Montenegro macht am Ende der Skutari-Krise einen Rückzieher, aber bis dahin hat er die europäische Staatengemeinschaft ganz schön aufgemischt. Einen Monat lang hat der Herrscher des kleinen Balkanstaats dem Willen der europäischen Großmächte getrotzt. Einen Monat lang haben die europäischen Großmächte vergeblich versucht, ihn zum Einlenken zu bewegen und wurden dabei öffentlich vorgeführt. Ganz deutlich ist noch einmal geworden, wie viel Uneinigkeit zwischen ihnen besteht, wie halbherzig sie agieren, und wie viel wichtiger ihnen jeweils ihre eigenen politischen Interessen sind gegenüber allgemeinen Grundsätzen, die sie nur mit dem echtem Willen hierzu und in gemeinsam abgestimmter Aktion durchsetzen könnten. Dem europäischen Frieden erweisen sie damit einen Bärendienst. Das Misstrauen in den Erfolg der europäischen Diplomatie ist nun noch größer geworden. Montenegro hat mit seiner starren Haltung hingegen etwas erreicht, was die Österreicher eigentlich als ehrlos und unwürdig abgelehnt hatten: Für seinen Verzicht auf Skutari wird es für das Land – wenn auch erst in einigen Monaten – eine finanzielle Entschädigung geben.

Am 16. Mai 1913 finden die Urwahlen zum preußischen Abgeordnetenhaus, der Zweiten Kammer des preußischen Landtags, statt. Das Urwahlprinzip bedeutet, dass die Wahl in zwei Teilen stattfindet, und die Urwahl dabei nur den ersten Schritt darstellt. Die Abgeordneten werden nicht direkt vom Volk gewählt, denn die Wähler wählen in einer Versammlung in ihrem jeweiligen Wahlbezirk lediglich Wahlmänner, die dann ihrerseits in einem zweiten Schritt – den Hauptwahlen am 3. Juni – die Abgeordneten des Wahlbezirks wählen. Wahlberechtigt sind alle Männer über 24 Jahre, die seit mindestens sechs Monaten in einer preußischen Gemeinde wohnen und nicht durch rechtskräftiges Urteil ihre bürgerlichen Ehrenrechte verloren haben oder öffentliche Armenunterstützung erhalten. Gewählt werden kann man ab 30 Jahren.

Die Wahl erfolgt nach dem berühmt-berüchtigten preußischen Dreiklassenwahlrecht. Das heißt, die Wähler sind in jedem Wahlbezirk in drei verschiedene Steuerklassen, sogenannte Abteilungen, aufgeteilt, denen sie entsprechend ihrem Steueraufkommen zugeordnet werden. Jede Abteilung repräsentiert ein Drittel des Gesamtsteueraufkommens im Wahlbezirk. Die Wähler mit dem höchsten Steueraufkommen werden der ersten, die mit einem geringeren Steueraufkommen der zweiten und die mit dem geringsten Steueraufkommen der dritten Abteilung zugeordnet. In der Wählerversammlung im Wahlbezirk stimmt zuerst die dritte, dann die zweite und schließlich die erste Abteilung ab. Alle Wähler werden in der Reihenfolge ihres Steueraufkommens aufgerufen und geben öffentlich ihr Votum ab. Ein Wahlgeheimnis gibt es nicht.

Landesweit wählen in Preußen in diesem Jahr 4,4 % der Wähler in der ersten, 15,8 % in der zweiten und 79,8 % in der dritten Abteilung. Aber das sind nur Durchschnittswerte, die Verteilung unterscheidet sich von Wahlbezirk zu Wahlbezirk, je nachdem, wie die Verteilung des Steueraufkommens vor Ort ausfällt. Im Extremfall besteht die erste Abteilung nur aus einem einzigen Wähler, der für sich allein schon ein Drittel des Steueraufkommens im Wahlbezirk bestreitet. Alles in allem fällt die Stimme eines Wählers in der ersten Klasse ungefähr zehnmal so stark ins Gewicht wie die eines Wählers in der dritten. Dieses System führt wegen der extremen Ungleichgewichtung der Wählerstimmen seit Jahren immer wieder zu erheblichen Protesten, aber alle politischen Initiativen zu einer Änderung des Wahlrechts blieben bislang ohne Erfolg. Vor allem das preußische Herrenhaus, die Erste Kammer des preußischen Landtags, wehrt sich seit Jahren erfolgreich gegen eine Veränderung. Aber auch der Kaiser und König von Preußen selbst ist entschieden gegen eine Wahlrechtsreform. Das Dreiklassenwahlrecht schützt ihn vor einer grundlegenden Änderung der politischen Mehrheiten im Landtag. Mag sich der Reichstag auch noch so sehr in Richtung Sozialdemokratie entwickeln, das preußische Abgeordnetenhaus bleibt konservativ oder zumindest liberal.

Um die 443 Sitze des preußischen Abgeordnetenhauses bewerben sich unter anderem Konservative, Freikonservative, Zentrum, Nationalliberale, Fortschrittliche Volkspartei, SPD, Polenpartei und Dänen. Das riesige Wahlgebiet reicht von der Rheinprovinz bis nach Ostpreußen, von Schleswig-Holstein bis nach Schlesien. Es gibt gewaltige politische und soziale Unterschiede zwischen den großen Städten und den dünn besiedelten ländlichen Regionen in Preußen. Mit dem preußischen Abgeordnetenhaus wird die Volksvertretung des mit Abstand größten und bedeutendsten Landes im Reich gewählt. Dennoch bleibt die Wahlbeteiligung gering und liegt nur bei 32,7 %. An den Reichstagswahlen im letzten Jahr haben demgegenüber 84,5 % der preußischen Wähler teilgenommen. Darin zeigt sich wohl, welchen Stellenwert die Wähler dieser Wahl mit ihrem Wahlmännersystem und ihrem Dreiklassenwahlrecht beimessen. Dieser Eindruck verstärkt sich noch, wenn man die Wahlbeteiligung nach den drei Steuerklassen differenziert betrachtet:

Während in der ersten Abteilung noch 51,4 % der Wahlberechtigten an der Wahl teilnehmen, sind es in der zweiten Abteilung nur noch 41,9 % und in der dritten Abteilung nur noch ganze 29,9 %. Die extrem ungleiche Gewichtung der Wählerstimmen fördert offenbar nicht gerade das Interesse an der Wahl bei denjenigen, deren Stimme bei diesem Verfahren deutlich unterrepräsentiert wird. Doch auch die Wahlbeteiligung in der ersten Abteilung ist nicht gerade überragend. Die politische Bedeutung des Landtags wird offenbar insgesamt nicht sonderlich hoch eingeschätzt.

Das Ergebnis der Urwahl lässt sich parteipolitisch nur schwer interpretieren, denn die Wähler wählen ja nicht Parteien, sondern Wahlmänner. Bei denen mag es im einen Fall klar, im anderen Fall aber unklar sein, wofür genau sie parteipolitisch stehen. Endgültige Gewissheit darüber wird man erst bei der Hauptwahl am 3. Juni erhalten. Aus der mutmaßlichen politischen Orientierung der Wahlmänner kann der örtliche Wahlvorstand aber doch gewisse Rückschlüsse auf den Wählerwillen bei der Urwahl ziehen – wenn er davon ausgeht, dass die Wähler das Wahlverhalten ihrer Wahlmänner schon richtig eingeschätzt haben werden, was allerdings nicht unbedingt immer der Fall sein muss. Dabei ist im jeweiligen Wahlbezirk zu beachten, dass der eine Wahlmann von den Wählern der ersten Abteilung, der andere aber von denen der zweiten Abteilung und wieder ein anderer von denen der dritten Abteilung gewählt worden ist. Der eine Wahlmann repräsentiert also möglicherweise sehr viele, der anderer dagegen nur sehr wenige Wähler. Bei der Hauptwahl am 3. Juni wird ihr Stimmengewicht aber dennoch gleichwertig sein.

Zieht man diese Unwägbarkeiten und das ganze komplizierte Verfahren des Dreiklassenwahlrechts in Betracht, so lässt sich der Wählerwille bei der Urwahl vom 16. Mai 1913 durch die örtlichen Wahlvorstände parteipolitisch einigermaßen rekonstruieren. Die SPD hat offiziellen Einschätzungen zufolge demnach mit 28,4 % die weitaus meisten Wählerstimmen erhalten. Ihr folgen das Zentrum mit 16,5 %, die Konservativen mit 14,8 %, die Nationalliberalen mit 13,6 %, die Linksliberalen mit 6,7 % und die Freikonservativen mit 2 %. Für die SPD hat die Wahl damit beträchtliche Stimmengewinne gebracht – wie schon die Reichstagswahl im letzten Jahr. Doch für die künftige Sitzverteilung im Abgeordnetenhaus bedeutet das noch nichts. Durch die unterschiedliche Stimmengewichtung gemäß der drei Steuerklassen kann das Endergebnis der Wahl letztlich ganz anders ausfallen. In der letzten Legislaturperiode waren vor allem die Fraktionen der Konservativen und des Zentrums stark gewesen. Das wird möglicherweise wieder so sein. Endgültig zeigen wird sich dies aber erst bei der Hauptwahl am 3. Juni.

In Preußen besteht ein Zweikammersystem. Das heißt, dass es neben dem Abgeordnetenhaus noch ein Herrenhaus gibt. Gewählt wird aber nur die Zweite Kammer, das Abgeordnetenhaus. Die Mitglieder des Herrenhauses haben ihren Sitz entweder geerbt oder sind vom preußischen König, der zugleich deutscher Kaiser ist, ernannt worden.

Das Herrenhaus ist die Vertretung des alten preußischen Adels, der Fürsten, Großgrundbesitzer und persönlichen Vertrauten des Königs. Eine konservative Versammlung überkommener Machteliten, die sich nicht auf demokratische Legitimation, sondern auf alte Traditionen stützen. Doch auch ohne vom Volk gewählt worden zu sein, verfügt das Herrenhaus über wichtigen politischen Einfluss. Es hat zwar nicht die Bedeutung des Abgeordnetenhauses, aber es kann bei Gesetzgebung und Budget ein Vetorecht ausüben, sodass das Abgeordnetenhaus letzten Endes nichts durchsetzen kann, was vom Herrenhaus abgelehnt wird.

Zu großen Konflikten zwischen den beiden Kammern kommt es in der Regel zwar nicht, aber dennoch bildet das Herrenhaus mit seiner von irgendwelchen Wählerstimmen völlig unabhängigen konservativen Mehrheit für den Kaiser und König von Preußen so etwas wie ein Bollwerk gegen unerwünschte politische Veränderungen, die die insgesamt doch liberalere Mehrheit des Abgeordnetenhauses möglicherweise noch passieren lassen würde. Selbst das preußische Abgeordnetenhaus also, das auf der Grundlage des so undemokratischen preußischen Dreiklassenwahlrechts zustande gekommen ist, wird noch durch eine noch undemokratischer zustande gekommene Erste Kammer des preußischen Landtags in seiner politischen Wirkungsmacht eingeschränkt. Die politische Bedeutung dieses 16. Mai 1913, an dem die Urwahlen zum preußischen Abgeordnetenhaus stattfinden, ist also tatsächlich nicht allzu hoch zu veranschlagen. Es soll auch die letzte Wahl dieser Art sein, denn die neue Legislaturperiode wird erst 1918 enden, dem

Jahr, in dem das Kaiserreich zusammenbrechen und das preußische Dreiklassenwahlrecht abgeschafft werden wird. Doch das ahnt jetzt, im Mai 1913, natürlich noch keiner.

Wilhelm II. ist nicht nur von modernen Kriegsschiffen, sondern auch von den riesigen modernen Passagierdampfern hellauf begeistert. 1906 hatte die Hamburger Reederei Hapag den damals größten Passagierdampfer der Welt in Dienst gestellt, der ursprünglich Europa hatte heißen sollen. Dann aber war er nach der Gattin des Kaisers benannt worden und heißt nun Kaiserin Auguste Viktoria. Inzwischen allerdings haben die Briten mit der Lusitania, der Mauretania, der Olympic und der Titanic noch größerer Passagierdampfer gebaut. Die Titanic ist zwar gleich bei ihrer Jungfernfahrt vor einem Jahr gesunken, doch noch immer haben die Engländer bei den großen Passagierschiffen die Nase vorn. Das aber soll sich nun ändern, denn nun steht die Jungfernfahrt des Imperator an, eines riesigen Luxusliners von über 52.000 Bruttoregistertonnen, der dann das größte Passagierschiff der Welt sein wird. Albert Ballin, Generaldirektor der Hapag und ein enger Vertrauter des Kaisers, hat ihn beim Stettiner Schiffsbauer Vulcan in Auftrag gegeben, in dessen neuer Werft in Hamburg das Riesenschiff gebaut wird. Bald soll es für die Hapag im Liniendienst zwischen Deutschland und Amerika fahren. Seine Majestät höchst selbst haben dafür gesorgt, dass das Schiff als „der Imperator" und nicht als „die Imperator" bezeichnet wird, obwohl doch bei Schiffen sonst eigentlich immer der weibliche Artikel verwendet wird. Der neue Riesenpott aber soll durch und durch maskulin wirken. Die Vorfreude auf das neue Schiff beschäftigt den Kaiser schon seit Wochen. Ungetrübt ist sie allerdings nicht, denn bei der Fertigstellung des Imperator hat es immer wieder Zwischenfälle und Pannen gegeben.

Schon bei der Schiffstaufe vor einem Jahr war ein Stück der Beplankung vom Schiff abgefallen und hätte den Kaiser in seiner Taufkanzel fast erwischt. Beim Stapellauf war dann einer der Anker samt Ankerkette in der Elbe versunken, und während der Fahrt zur Nordsee war der Imperator kurzzeitig auf Grund gelaufen. Bei den Probefahrten stellte sich dann heraus, dass der Schwerpunkt des Schiffes zu hoch lag und es deshalb dazu neigte, Schlagseite zu bekommen. Umbauten wurden nötig. Außerdem entschied man sich aufgrund des schockierenden Untergangs der Titanic dazu, weitere Sicherheitsvorkehrungen auf dem Imperator zu treffen, sodass sich die Fertigstellung noch weiter hinzog. Jetzt, kurz vor der Jungfernfahrt des Imperator, kommt es an Bord auch noch zu einem Brand, sodass schon wieder eine Verzögerung nötig wird. Dem Kaiser, der sich furchtbar auf die Jungfernfahrt gefreut hat, reißt nun die Geduld. Er weiß genau, wem er diese Schikane zu verdanken hat: den Sozialdemokraten, die unter den Werftarbeitern ein starkes Gewicht haben und offenbar eine Art Sabotage gegen sein Schiff betreiben. Offensichtlich sind sie es doch, die hinter der Verzögerung stecken! „War als persönliche Insulte gegen mich von den Sozen arrangiert!" schreibt Wilhelm wutentbrannt in einer Randbemerkung auf einen Bericht. Und: „Es war einfach ein lang vorbereiteter Streich der Sozen, die nicht wollten, daß ich das Schiff ‚Imperator' einweihen sollte. Das ist ihnen vollkommen gelungen. Sie regieren eben thatsächlich im Lande bei unsrer schlappen Gesetzgebung und total passiven Regierungen!"

Als Wilhelm vor 25 Jahren auf den Thron stieg, da hatte er das gestörte Verhältnis zwischen Thron und Arbeiterschaft reparieren wollen und beendete gegen den Widerstand Bismarcks die politische Verfolgung der Sozialdemokraten. Seitdem hat sich vieles verändert, das Verhältnis zwischen Thron und Arbeiterschaft – oder zumindest zwischen Thron und SPD – aber ist immer noch nicht gut. Die Sozialdemokraten haben nicht die Nachgiebigkeit und Einsicht gezeigt, die Wilhelm damals erwartet hatte. Sie haben sich als undankbar und streitsüchtig erwiesen. Ein Schema, das uns vom Kaiser schon gut vertraut ist, taucht wieder auf: Hochtrabenden und übertriebenen Erwartungen folgt tiefe Enttäuschung und Verletzung. Eine Annäherung zwischen Kaisertum und SPD ist auf diese Weise nicht zu erreichen.

Der Krieg auf dem Balkan ist endlich zu Ende. Am 30. Mai wird Frieden geschlossen. Mit viel Geduld und erheblichem Druck ist es dem britischen Außenminister Grey endlich gelungen, von den Vertretern aller beteiligten Staaten die Zustimmung zum Friedensvertrag zu bekommen. In zermürbenden Einzelgesprächen hat er sie bearbeitet. Jetzt endlich steht der Londoner Vertrag. Er regelt, wie die große Erbmasse verteilt werden soll, die das Osmanische Reich auf dem Balkan hinterlassen hat. Es ist wie zu Weihnachten: Jeder bekommt ein paar Wünsche erfüllt und muss auf andere verzichten. Österreich-Ungarn bekommt den so sehnlichst erwünschten Staat Albanien, Serbien erhält also keinen Zugang zur Adria. Doch nicht das gesamte albanische Siedlungsgebiet wird Teil des neuen albanischen Staates. Serbien, Montenegro und Griechenland – jeder bekommt seinen Teil ab. Auch Mazedonien wird aufgeteilt – zwischen Serbien, Griechenland und Bulgarien. Den Sandschak von Novi Pazar teilen sich Serbien und Montenegro. Und so sollen alle möglichst zufrieden sein, die Bescherten sollen sich gemeinsam freuen und miteinander glücklich werden.

Werden sie aber nicht. Stattdessen beäugt man sich gegenseitig scheel und betrachtet die Geschenke der anderen. Haben die nicht so einiges bekommen, was man selbst gerne gehabt hätte? Vor allem Serbien und Bulgarien sind unzufrieden. Beide haben riesige Landgewinne gemacht, aber beide wollen noch mehr. Schon vor Abschluss des Londoner Vertrags wird klar, wie brüchig das Verhältnis zwischen den beiden Nachbarn im Laufe des Krieges geworden ist. Der Balkanbund aus Serbien, Bulgarien, Griechenland und Montenegro scheitert am eigenen Erfolg. Nachdem man die Osmanen in die Knie gezwungen hat, beginnt man sich gegenseitig zu bedrohen. Noch vor Abschluss des Londoner Vertrags vom 30. Mai schließen Serbien und Griechenland am 19. Mai ein Verteidigungsbündnis, das eindeutig gegen Bulgarien gerichtet ist. Bulgarien ist alarmiert. Es ist das deutlich größte der vier Mitglieder des Balkanbundes und verfügt über die eindeutig stärkste Armee. Die würde es zur Not auch gegen die eigenen Bündnispartner einsetzen, wenn es zu einem ernsten Konflikt kommen sollte. Für die Stabilität des eben erst ausgehandelten Friedens auf dem Balkan lässt diese Gemengelage nicht gerade viel Gutes erhoffen.

Juni 1913

Am 3. Juni 1913 finden die Hauptwahlen zum preußischen Abgeordnetenhaus statt. In den verschiedenen Wahlbezirken kommen die am 16. Mai gewählten Wahlmänner zu Wahlmännerversammlungen zusammen und wählen die Abgeordneten. Die Wahl erfolgt durch Stimmabgabe zu Protokoll. Erreicht im ersten Wahlgang kein Kandidat die absolute Mehrheit findet zwischen den beiden Kandidaten mit den besten Stimmergebnissen eine Stichwahl statt. Insgesamt sind 443 Mandate zu vergeben. Interessant ist vor allem, inwiefern es der SPD gelingt, an ihren großen Erfolg bei der Reichstagswahl im letzten Jahr anzuknüpfen. Leicht wird es nicht für sie werden, denn im Unterschied zum Reichstag, bei dem gleiches Stimmrecht gilt, wird das preußische Abgeordnetenhaus nach preußischem Dreiklassenwahlrecht gewählt. Das aber wirkt sich gerade für die Sozialdemokraten besonders ungünstig aus, denn unter den Wählern, die besonders hohe Steuern zahlen und deshalb in der ersten Abteilung wählen dürfen, befinden sich erwartungsgemäß nur relativ wenige Anhänger der SPD. Ihre Wähler sind vor allem in der dritten Abteilung zu finden, und das bedeutet, dass sie verhältnismäßig wenig Einfluss auf das Wahlergebnis haben werden. Immerhin ist es den Sozialdemokraten bei der letzten Wahl vor fünf

Jahren gelungen, mit sieben Abgeordneten – der prominenteste unter ihnen ist Karl Liebknecht – erstmals ins preußische Abgeordnetenhaus einzuziehen. Sechs Wahlkreise hatten sie in Berlin und einen weiteren in Hannover gewonnen. Das war eine kleine politische Sensation, denn bis dahin hatte es noch nie SPD-Vertreter im Abgeordnetenhaus gegeben. Ob sich dieser Erfolg allerdings fortsetzen lässt, wird sich erst jetzt zeigen.

Bei den Wahlen am 3. Juni 1913 bleibt ein nennenswerter politischer Wandel aus. Der war angesichts des konservativen Wahlrechts auch nicht zu erwarten. Lediglich zu ein paar geringfügigen Verschiebungen kommt es. Konservative und Freikonservative verlieren ein paar Mandate, die Nationalliberalen gewinnen ein paar hinzu. Erstmals stellt sich die Fortschrittliche Volkspartei im Landtag zur Wahl, die die Nachfolge von Freisinniger Volkspartei und Freisinniger Vereinigung antritt, aus deren Zusammenschluss sie 1910 hervorgegangen ist. Die jahrelange Zersplitterung der deutschen Linksliberalen ist damit bis auf weiteres beendet. Um die Wahlchancen der neuen Partei zu erhöhen, wurden im Vorfeld der Wahl Absprachen mit der SPD getroffen. Das ist nicht unumstritten – weder bei den Sozialdemokraten noch bei den Linksliberalen. Aber bei den Reichstagswahlen im letzten Jahr haben beide Parteien mit dieser Methode schon einmal Erfolge erzielt, und die will man nun wiederholen. Das gelingt auch – wenn auch nur in begrenztem Umfang. Die Fortschrittliche Volkspartei erhält 41 Mandate – fünf mehr als Freisinnige Volkspartei und Freisinnige Vereinigung bei der letzten Wahl zusammen. Und die SPD erhält zehn Mandate – drei mehr als beim letzten Mal. Die gegenseitige Unterstützung von Linksliberalen und Sozialdemokraten hilft beiden.

Der Zuwachs von drei Mandaten ist ein Erfolg für die SPD. Aber er täuscht nicht darüber hinweg, dass die Präsenz der Sozialdemokraten im neuen Abgeordnetenhaus in keiner Weise dem Anteil an Wählerstimmen entspricht, die ihre Wahlmänner bei der Urwahl am 16. Mai 1913 erhalten haben. Überhaupt wird die Problematik des preußischen Dreiklassenwahlrechts überdeutlich, wenn man Wähleranteile und Mandatsverteilung zwischen den verschiedenen Fraktionen miteinander vergleicht. Stärkste Fraktion werden mit 151 Mandaten erneut die Konservativen, deren Wahlmänner bei der Urwahl etwa 14,8 % der Stimmen erhalten haben. Ihnen folgt das Zentrum mit 103 Mandaten, die auf etwa 16,5 % der Urwählerstimmen zurückgehen. Allein diese Ungleichgewichtigkeit spricht Bände. Doch die Diskrepanz zwischen Wähleranteilen und Mandatsverteilung geht noch weiter. Die Nationalliberalen erhalten 73 Mandate bei etwa 13,6 % der Urwählerstimmen, die Freikonservativen 53 Mandate bei etwa 2 % der Urwählerstimmen und die Fortschrittliche Volkspartei 41 Mandate bei etwa 6,7 % der Urwählerstimmen. Besonders bitter aber sieht diese Art von Bilanz für die Sozialdemokraten aus: Sie erhalten nur 10 Mandate bei etwa 28,4 % der Urwählerstimmen. Aus gutem Grund protestieren sie bereits seit Jahren immer wieder gegen das undemokratische Dreiklassenwahlrecht in Preußen. Bislang ohne Erfolg. Doch das aktuelle Wahlergebnis bietet nun neue Argumente für eine

Wahlrechtsreform, denn trotz aller Wandlungen, die sich im Laufe der Jahre in der politischen Landschaft Preußens vollzogen haben, hat sich die politische Zusammensetzung des preußischen Abgeordnetenhauses seit Jahrzehnten kaum verändert. Die Mandatsverteilung spiegelt in keiner Weise den Wählerwillen wider. Die Bedeutung der Wahl vom 3. Juni 1913 bleibt insofern gering.

Die Zusammenarbeit im Dreibund zwischen Deutschland, Österreich-Ungarn und Italien verläuft nicht immer reibungslos. Zwischen Deutschland und Österreich-Ungarn kriselt es immer wieder wegen der Differenzen in der Balkanpolitik. Doch das Verhältnis zwischen Italien und Österreich-Ungarn ist noch viel stärker belastet. Die italienische Irredenta erhebt Ansprüche auf Südtirol mit Bozen, das Trentino mit Trient, Istrien mit Triest und Dalmatien mit Zadar. Für Österreich-Ungarn sind solche Forderungen natürlich vollkommen indiskutabel. Und auch die italienische Regierung beschwört, dass sie überhaupt nicht daran denkt, diesen weltfremden Wunschträumen radikaler Nationalisten auch nur in entferntester Weise nachzukommen. Doch in Wien bleiben viele skeptisch gegenüber dem Bündnispartner in Rom. Der österreichische Generalstabschef Franz Freiherr Conrad von Hötzendorf hat in der Vergangenheit sogar schon mehrfach zu einem Präventivkrieg gegen Italien aufgerufen. Innerhalb eines Bündnisses ist das schon starker Tobak. Eine vertrauensvolle Zusammenarbeit sieht anders aus.

Conrads deutscher Amtskollege Helmuth von Moltke hat sich nun vorgenommen, etwas für die Verbesserung des Verhältnisses zwischen Österreich-Ungarn und Italien zu tun. Er will den Dreibund festigen, doch dazu bedarf es erst einmal der Festigung des gegenseitigen Vertrauens. Seit einigen Jahren hat er ein sehr gutes, freundschaftliches Verhältnis zu Conrad. Nun möchte er auch ihren gemeinsamen italienischen Amtskollegen Alberto Pollio kennenlernen und nach Möglichkeit in das Freundschaftsverhältnis einbeziehen. Eine gute Gelegenheit dazu scheint ihm das diesjährige Kaisermanöver Wilhelms II. zu sein, das im September in Schlesien stattfinden soll. Pollio wird dabei sein. Nun lädt von Moltke auch Conrad ein. Am 29. Juni schreibt er ihm in einem Brief:

„Ich habe in der letzten Zeit des öfteren mit dem General Pollio korrespondiert und ich habe die volle Überzeugung gewonnen, daß er und seine Regierung in loyalster Weise auf dem Boden des Dreibundes stehen. Seine Majestät der Kaiser hat den General Pollio zu unseren Kaisermanövern eingeladen und ich freue mich, damit Gelegenheit zu haben, seine persönliche Bekanntschaft zu machen. Auch Sie, liebe Exzellenz, werden eine Einladung erhalten und ich bitte Sie recht herzlich, derselben Folge zu leisten. Ich verspreche mir viel von einer persönlichen Fühlungnahme der drei Generalstabschefs, um so mehr, da der General Pollio mir den großen Wunsch zu erkennen gegeben hat, Sie kennen zu lernen. Die Manöver finden am 8., 9. und 10. September in Schlesien statt. Als Manöver werden sie kein großes Interesse bieten, da wir aus Ersparungsgründen dies

Jahr nur zwei Korps gegeneinander manövrieren lassen, auf der einen Seite drei Infanteriedivisionen, auf der anderen zwei Infanteriedivisionen und eine Kavalleriedivision. Beide Korps sollen im Armeeverbande rechts und links angelehnt fechten, es wird also mehr ein Gefechtsexerzieren als ein Manöver. Ich möchte aber gerne meine beiden Kollegen zu mir, zur Leitung nehmen, damit sie alles sehen können, was sie interessiert und damit wir Gelegenheit zum ungezwungenen kameradschaftlichen Verkehr haben. Also, nicht wahr, Sie kommen? Es würde mir eine große Freude sein, Sie wieder zu sehen und Ihnen einmal wieder die Hand drücken zu können. Sie sehen, lieber Kamerad, ich schreibe Ihnen alles ganz offen und bitte Sie, meine Mitteilung vorderhand als private anzunehmen."

Der k.u.k.-Militärattaché in Rom warnt Conrad später vor dieser Einladung: Hinter der Idee des gemeinsamen Treffens stecke seiner Vermutung nach nicht ein Wunsch Pollios, wie von Helmuth von Moltke behauptet, sondern ein Wunsch der Deutschen, die zurzeit alles täten, um sich bei den Italienern beliebt und wichtig zu machen. Deutschland wolle offenbar eine Führungsrolle im Dreibund demonstrieren. Man müsse aufpassen, dass Deutsche und Italiener nicht so eng zusammenrückten, dass sie dem Dritten im Bunde, Österreich-Ungarn, schließlich ihren Willen würden oktroyieren können. Am besten solle Wien auf direktem Wege den engen Kontakt zu Rom suchen. Das ist kein Plädoyer für eine Absage der Einladung aus Berlin, aber doch eine deutliche Warnung vor einem zu engen deutschitalienischen Verhältnis. Conrad aber wird trotzdem nach Schlesien fahren. Er übermittelt eine Zusage.

Der Friede von London vom 30. Mai hat den Krieg auf dem Balkan beendet und den vier Staaten des Balkanbundes erhebliche Territorialgewinne beschert. Aber wirklich zufrieden ist keiner mit dem Ergebnis. Ein Zankapfel bleibt vor allem Mazedonien, das zwischen Bulgarien, Serbien und Griechenland aufgeteilt worden ist, nun aber weitere Begehrlichkeiten weckt. Nur schwer können sich die Bulgaren damit abfinden, dass sie Mazedonien mit ihren beiden Verbündeten teilen sollen. Dieses Ergebnis des Londoner Vertrages würden sie nur allzu gern umgehend in ihrem Sinne korrigieren. Und als eindeutig stärkste Macht im Balkanbund könnten sie dieses Ziel vielleicht sogar militärisch durchsetzen. Serbien und Griechenland fühlen sich zunehmend von Bulgarien bedroht.

Umgekehrt könnten sich aber auch die Serben und Griechen gut vorstellen, den Bulgaren ihre Territorialgewinne aus dem Londoner Vertrag wieder abzunehmen und untereinander aufzuteilen. Auch die Türkei, die große Verliererin des Balkankriegs, würde bei einer solchen Aktion nur allzu gern mitmachen. In diskreten Gesprächen wird schon darüber nachgedacht, wie man gewisse Gebiete des neuen bulgarischen Territoriums umverteilen könnte. Das Verteidigungsbündnis gegen Bulgarien, das Serbien und Griechenland am 19. Mai geschlossen haben, nimmt sich aus bulgarischer Sicht immer offensiver und bedrohlicher aus. Bulgarien gerät immer mehr in die Isolation. Nicht nur Serbien,

Griechenland und die Türkei würden ihm gerne einige der neu gewonnenen Gebiete wieder abnehmen, auch Rumänien, der Nachbar im Norden, begehrt bulgarisches Territorium. Doch die bulgarische Armee ist immer noch stark, und vielleicht ist in einer solchen Situation ja Angriff die beste Verteidigung.

Am 29. Juni 1913 greifen bulgarische Truppen in einer Blitzaktion serbische Stellungen an. Die bulgarische Regierung erklärt umgehend, sie habe diesen Angriff nicht angeordnet und auch nichts von ihm gewusst. Das Ganze ist möglicherweise eine eigenmächtige Aktion des bulgarischen Militärs. Doch das ändert nichts an der Eskalation, die nun eintritt. Gerade mal einen Monat hat der Frieden von London gehalten. Jetzt wird schon wieder gekämpft. Der Zweite Balkankrieg hat begonnen. Die politische und militärische Konstellation ist jetzt allerdings eine ganz andere als beim ersten.

Juli 1913

Der Balkanbund ist zerbrochen. Die Türkei steht nun an der Seite ihrer vormaligen Gegner Serbien und Griechenland. Gemeinsam kämpfen sie gegen Bulgarien, den früheren Verbündete der Serben und Griechen. Für den laufen die Dinge ausgesprochen schlecht. Der neuen Konstellation ist Bulgarien nicht gewachsen. Der Vorstoß vom 29. Juni ist auf ganzer Linie gescheitert, und nun fühlen sich die Konkurrenten auf dem Balkan erst recht ermutigt. Am 8. Juli erklären Serbien und Griechenland den Bulgaren den Krieg, am nächsten Tag folgt Rumänien und zwei weitere Tage später das Osmanische Reich. Dieser Übermacht kann Bulgarien unmöglich standhalten. Die Türken nutzen die günstige Gelegenheit, um sich einiges von dem zurückzuholen, was ihnen die Bulgaren in den vergangenen Monaten abgenommen haben. Eigentlich hatte man sie in Europa schon so gut wie abgeschrieben, aber jetzt sind sie wieder da und holen sich Adrianopel zurück, das die Bulgaren im März eingenommen hatten – für die bulgarische Bevölkerung in Adrianopel, die sich nun schlimmster Verfolgung und Vertreibung ausgesetzt sieht, der Beginn eines entsetzlichen Martyriums. Für Bulgarien ist all dies eine furchtbare Katastrophe, der dringend Einhalt geboten werden muss. Jetzt soll einer ein Machtwort sprechen, der Gewicht hat unter den Balkanstaaten: Russland.

In Berlin lacht sich Kaiser Wilhelm II. ins Fäustchen. Etwas Besseres konnte aus deutscher und österreichischer Sicht gar nicht passieren: die befürchtete Einheit der Slawen ist nicht eingetreten. Stattdessen bekämpfen sich die slawischen Völker auf dem Balkan nun gegenseitig und bitten Russland um Vermittlung, das dabei möglicherweise auch noch beschädigt wird. Wenn Russland jetzt zugunsten des bedrängten Bulgariens eingreift, dann könnte es bald selbst als Störenfried am Pranger stehen. Beliebt machen würde es sich bei den anderen Beteiligten des Konflikts jedenfalls schon mal gar nicht. Und auch seinem österreichischen Verbündeten gegenüber kann Wilhelm nun einmal wieder deutlich auftrumpfen: Hatte er den Österreichern nicht schon lange geraten, sie sollten besser auf die vergleichsweise zahmen Serben und nicht so sehr auf die noch russlandhörigeren Bulgaren setzen? Aber in Wien war man ja taub gewesen und hatte ganz und gar auf die Bulgaren geschworen, die jetzt von allen Seiten in die Mangel genommen werden und in die Knie gehen. Hätte man nur bei Zeiten auf ihn gehört, dann wäre man jetzt buchstäblich besser beraten!

Auch in Wien freut man sich diebisch darüber, dass die Balkanstaaten nun aufeinander einschlagen anstatt gemeinsame Sache gegen Dritte zu machen. Nur allzu leicht hätte dies ja auch die Donaumonarchie selbst treffen können. Doch ansonsten sieht man die Dinge natürlich ganz anders als Wilhelm in Berlin. Dass Bulgarien so in Bedrängnis gerät, ist für die Österreicher nur schwer zu verdauen, denn dadurch werden die Serben erheblich Oberwasser bekommen und letztlich noch stärker dastehen als schon nach dem Ende des Ersten Balkankriegs. Das aber kann man in Wien nun wirklich nicht gebrauchen. Und so einfach die Seiten wechseln, wie der deutsche Kaiser sich das in seinen merkwürdigen Phantasien schon seit einiger Zeit ausmalt, und statt der Bulgaren nun einfach die Serben unterstützen, das kann man und will man an der Donau natürlich erst recht nicht. Schließlich weiß man schon ganz genau, warum man gerade den Serben gegenüber so eine starke Reserve empfindet. Der serbische Nationalismus ist kreuzgefährlich für den Vielvölkerstaat Österreich-Ungarn mit seinen vielen Serben innerhalb der eigenen Grenzen. Wer das ignoriert oder sich einbildet, man könne diesen grundlegenden Konflikt durch ein paar warmherzige Freundschaftsgesten aus der Welt schaffen, zeigt damit nur, dass er keine Ahnung von den Dingen auf dem Balkan hat und offenbar weit weg wohnt. Zum Beispiel in Berlin.

Ende Juli 1913 ist die Stimmung der Regierung in Wien gegenüber den Deutschen im Keller. Der österreichische Außenminister Berchtold beklagt, Deutschland würde im Balkankonflikt überhaupt keine Rücksicht auf die Interessen Österreich-Ungarns nehmen. Gleichzeitig aber bleibe Österreich-Ungarn auf die diplomatische Unterstützung durch die Deutschen so sehr angewiesen, dass man die schwierigen Nachbarn nicht verärgern dürfe. Eine unangenehme Situation, aber es hilft nichts: Man muss sich mit dem Kabinett in Berlin über die durch den Balkankrieg entstandene neue Situation an der Südostgrenze Österreich-Ungarns aussprechen. Vielleicht hat man an der Spree ja doch irgendwann mal ein Einsehen. Aber darauf wollen schon längst nicht mehr alle hoffen. Die Wut des österreichischen Generalstabschefs Conrad auf die Nachbarn im Norden geht mittlerweile so weit, dass er schon Überlegungen darüber anstellt, ob man nicht besser mit Russland als mit Deutschland über das Problem des serbischen Machtzuwachses sprechen solle. Die Russen unterstützen die Interessen der slawischen Völker auf dem Balkan, aber vielleicht findet man bei ihnen ja trotzdem noch eher Gehör für die österreichischen Sorgen und Nöte als bei den Deutschen mit ihrem notorisch proserbisch argumentierenden Kaiser. Deutschland verfolge kommerzielle Interessen auf dem Balkan, beklagt Conrad, und hintertreibe schon deshalb dort eine Machterweiterung Österreich-Ungarns. Das große Ziel der Wiener Politik müsse jedoch in der Stärkung der österreichischen Balkanposition bestehen. Aber ob dieses Ziel, das sich auch klar gegen Serbien richtet, tatsächlich im Einvernehmen mit Russland erreicht werden kann? Bis auf weiteres bleibt es bei skurrilen Gedankenspielen. Aber die Frustration in Wien wächst.

August 1913

Anfang August 1913 ist Bulgarien militärisch am Ende. Es braucht dringend einen Waffenstillstand. In Bukarest verhandeln die Vertreter der Kriegsparteien über einen Friedensschluss. Bulgarien muss sich auf harsche Bedingungen gefasst machen, aber es hat keine Wahl. Am 10. August kommt es zum Frieden von Bukarest. Von den großen Gebietsgewinnen, die Bulgarien im Ersten Balkankrieg machen konnte, bleibt nicht viel übrig. Vor allem Serbien und Griechenland sind jetzt die großen Gewinner. Beide genehmigen sich große Landgewinne in Mazedonien auf Kosten Bulgariens. Doch für die Bulgaren kommt es noch schlimmer. Sie müssen auch auf Teile ihres Territoriums im Nordosten verzichten, da sich Rumänien die Süddobrudscha mit Silistra einverleiben möchte. Dieses Gebiet war im Ersten Balkankrieg gar nicht umstritten gewesen und stellt auch kein neues Erbstück aus dem Bestand des Osmanischen Reichs dar, sondern hatte schon seit dem Berliner Kongress von 1878 zum damals neu gebildeten Staat Bulgarien gehört. Dass die Bulgaren es jetzt abgeben sollen, finden sie in höchstem Maße ungerecht. Aber Rumänien nutzt einfach die Gunst der Stunde und schneidet sich aus seinem durch den Krieg so geschwächten Nachbarn ein schönes Stück Land heraus. Der Norden der Dobrudscha gehört sowieso schon zu Rumänien. Jetzt nimmt man sich eben noch den Süden dazu.

So geht es zu auf dem Balkan des Jahres 1913: nach der Zurückdrängung der Osmanen ist eine Art Machtvakuum entstanden, in der sich offenbar jeder das nimmt, was er kriegen kann, in der aber auch jeder alles verlieren kann, sobald er Schwäche zeigt. Solange man selber anderen etwas wegnimmt, ist das gerecht. Wird einem aber selbst etwas weggenommen, ist das natürlich hochgradig ungerecht. Bulgarien war zuerst der große Gewinner des Ganzen. Jetzt ist es der große Verlierer, und Serbien, Griechenland und Rumänien sind am Zug. Und die Türkei, die zuerst die große Verliererin war, steht nun auch wieder auf der Matte. Mit ihr wird es noch einen eigenen Friedensvertrag geben, und dann wird Bulgarien noch einmal bluten müssen. Die Regeln des nationalistisch aufgepeitschten Machtkampfs zwischen den Staaten und Nationen sind hart auf dem Balkan.

Der heimliche zweite Verlierer des Zweiten Balkankriegs ist Österreich-Ungarn. Die anfänglich so starken Bulgaren, auf die man in Wien so gesetzt hatte, sind nun extrem geschwächt. Stattdessen ist der Erzfeind Serbien erheblich stärker geworden. Zwar hat Serbien immer noch nicht den so sehr gewünschten Zugang zur Adria erhalten, denn an den Grenzen im Nordwesten des Balkans hat sich durch den Zweiten Balkankrieg ja nichts geändert. Aber Serbien strotzt nun vor neuer Kraft, und die serbischen Nationalisten haben wieder einmal mächtigen Auftrieb erhalten. Doch auch mit den neuen Grenzen Serbiens sind sie noch nicht zufrieden. Sie wollen noch mehr. In Wien weiß man das nur allzu genau. Dort will man den Serben nun endgültig in die Parade fahren. Aber wie? Zum zweiten Mal in diesem Jahr wird ein Krieg auf dem Balkan beendet und ein Frieden geschlossen. Und zum zweiten Mal bleiben Unzufriedenheit und Revisionsgelüste zurück. Wie verheerend das ist, wird die Welt noch erfahren. Der große Knall wird kommen, und der britische Außenminister Edward Grey wird dann sagen, jetzt gingen in Europa die Lichter aus. Doch so weit ist es im August 1913 noch nicht. Ein Jahr Frieden ist Europa noch vergönnt. Der Friedensschluss von Bukarest lässt viele Unzufriedene zurück. Aber erst einmal schafft er Ruhe auf dem Balkan.

Durch den Zweiten Balkankrieg ist das Verhältnis zwischen Wien und Berlin reichlich angeschlagen. Der Ärger ist beidseitig. Nicht nur die Wiener granteln wegen der verständnislosen Deutschen. Auch in Berlin wird über die Österreicher gemotzt. Wilhelm II. ist überzeugt, dass die Österreicher auf dem Balkan alles in den Sand gesetzt haben mit ihrer bulgarienfreundlichen Politik. Sie haben nicht nur Serbien weiter verprellt, mit dem sie ja sowieso schon auf Kriegsfuß standen, sondern bei der Gelegenheit gleich auch Rumänien, Griechenland und die Türkei brüskiert, mit denen der Dreibund sonst vielleicht etwas Konstruktives hätte anfangen können. Da aber hört für Wilhelm der Spaß auf. Er will den Dreibund auf dem Balkan stärken, und die Wiener Politik bewirkt das genaue Gegenteil aus seiner Sicht. Darauf will er jetzt aber keine Rücksicht mehr nehmen. Er wird jetzt tun, was er für richtig hält. Vor allem wird er eine ganz entschieden griechenlandfreundliche Politik betreiben, denn zu Griechenland hat er gute Beziehungen, und Deutschland soll vom steilen Aufstieg der Griechen auf dem Balkan profitieren. Und auch mit der Türkei will sich der deutsche Kaiser auf jeden Fall gutstellen. Beides lässt sich aber mit einer probulgarischen Haltung, wie sie Österreich-Ungarn vertritt, kaum vereinbaren. Doch die Bedenken und Einwände der Österreicher interessieren ihn jetzt nicht mehr. Hätten sie rechtzeitig auf ihn gehört, steckten sie jetzt auch nicht in solch einem Schlamassel.

Es ist fatal: In Wien meint man, die Deutschen nähmen viel zu wenig Rücksicht auf die speziellen Interessen des Vielvölkerstaats Österreich-Ungarn. In Berlin meint man, es sei schon viel zu viel Rücksicht genommen worden. Wilhelm II., der zu exzentrischen Ansichten neigt und auch bei den eigenen Beamten oft heimliches Kopfschütteln verursacht, steht diesmal beileibe nicht alleine da. Ganz im Gegenteil. Im Auswärtigen Amt und in Berliner Militärkreisen sieht man die Dinge ganz ähnlich wie der Monarch: Österreich-Ungarn hat sich mit seiner probulgarischen Politik ins Abseits manövriert, und Deutschland muss aufpassen, als enger Bündnispartner der Donaumonarchie nicht ebenfalls im Abseits zu landen. Vor allem den österreichischen Außenminister Berchtold machen die Deutschen für die extrem bulgarienfreundliche Haltung der Wiener Regierung verantwortlich. Wilhelm II. macht keinen Hehl daraus, dass man Berchtold seiner Meinung nach lieber heute als morgen ablösen sollte. Er schreibt dies auch kaum verklausuliert in ein Telegramm an das Auswärtige Amt, das an verschiedene Botschaften und Gesandtschaften weitergeleitet wird. Natürlich erfährt auch Berchtold in Wien davon. Das soll er auch ruhig. Wilhelm will seinen Ärger nicht zurückhalten. Doch der österreichische Außenminister glaubt nicht an die schöne neue Balkan-Welt des deutschen Kaisers, in der sich der Dreibund in bester Einigkeit mit Serbien, Rumänien, Griechenland und der Türkei befindet und die Triple-Entente das Nachsehen hat. Er befürchtet, dass auf dem Balkan noch viele böse Überraschungen lauern. Im Moment jedenfalls treibt der Balkan erst einmal einen Keil zwischen die beiden Verbündeten in Berlin und Wien. Die Beziehungen zwischen Deutschland und Österreich-Ungarn befinden sich auf einem Tiefpunkt.

Die Verärgerung der Österreicher über die Deutschen ist so groß, dass die Teilnahme der österreichischen Gäste am deutschen Kaisermanöver im September abgesagt wird. Mit dem Ausdruck größten Bedauerns teilt der österreichische Generalstabschef Franz Freiherr Conrad von Hötzendorf seinem deutschen Amtskollegen Helmuth von Moltke mit, dass er aufgrund der Umstände leider doch nicht nach Schlesien kommen kann. Dabei hatte von Moltke doch so sehr um die Teilnahme Conrads geworben. Sein Ziel, Conrad mit dem gemeinsamen italienischen Amtskollegen Alberto Pollio bekannt zu machen, scheint sich bis auf weiteres nicht zu erfüllen. Ebenfalls voller Bedauern schreibt von Moltke an Conrad:

„Ich hatte mich so sehr darauf gefreut, Sie wieder zu sehen und einige Tage kameradschaftlichen Zusammenseins mit Ihnen zu verleben. Nun hat, wie so oft schon, die Diplomatie den Soldaten einen Stein in den Weg geworfen. Ich bin Ihnen dankbar, daß Sie mir so offen darüber schreiben, wie es von Anfang an zwischen uns gehalten worden ist. Sie wissen, daß ich stets auf dem Standpunkt der treuesten Bundesgenossenschaft gestanden habe. Diesen Standpunkt werde ich auch nicht verlassen, und ich weiß, daß wir beide uns auf ihm immer wieder finden werden, wenn auch vorübergehende Wolken am Himmel stehen. Daß die verbündeten Staaten nicht immer und überall dieselben Interessen verfolgen können, ist ja natürlich, die Hauptsache bleibt doch, daß der große Faktor in der Weltpolitik, der Dreibund, gewahrt bleibt. Eine Lockerung in seinem Gefüge würde von jedem Einzelnen teuer bezahlt werden müssen. So wie die Dinge sich jetzt gestaltet haben, wird, wie mir scheint, Österreich-Ungarn an Rumänien und Griechenland eine wertvolle Flankenanlehnung haben. Es wäre nicht unbedenklich gewesen, wenn Rumänien auf die andere Seite abgeschwänkt wäre. Doch ich will Ihnen keine politische Abhandlung schreiben. Ich verstehe Ihre Mißstimmung und weiß, wie viele schmerzliche Enttäuschungen Sie erlebt haben. Ich hoffe aber, daß die Politik keinen Einfluß haben wird auf unser persönliches Verhältniß und daß wir stets und immerdar uns als ehrliche Männer vertrauensvoll gegenüberstehen werden. Wenn es möglich sein sollte, Sie wieder zu sehen, wird es mir immer, wann und wo es sei, die größte Freude sein, und so lange wir offen gegeneinander bleiben, wird unsere persönliche Kameradschaft von den Schwankungen der Politik nicht berührt werden."

Es ist beinahe rührend zu lesen, wir vertraulich, ja fast schon liebevoll hier ein Generalstabschef dem anderen schreibt. Beide verbindet nicht nur ein kameradschaftlich-kollegiales, sondern offenbar auch ein auf persönlicher Sympathie gründendes freundschaftliches Verhältnis. Man möchte beinahe gar nicht glauben, mit wem man es hier zu tun hat. Absender und Empfänger stehen beide an der Spitze riesiger Armeen und tragen hohe militärische Verantwortung. Nicht von ungefähr gelten beide in ihrem Umfeld als Hardliner, und beide plädieren in Zeiten internationaler politischer Krisen gerne schnell für militärische Maßnahmen statt für komplizierte diplomatische Bemühungen. Von Moltkes Lamento, die Diplomatie werfe den Soldaten so oft Steine in den Weg, mag also auch aus Conrads Sicht den Punkt treffen: Wo Politiker und Diplomaten den Ton angeben, da kommen die Militärs nicht zum Zuge. Dass haben sowohl von Moltke als auch Conrad in der Vergangenheit immer wieder schmerzlich erfahren müssen. Von Moltke hat einen sehr guten Draht zum deutschen Kaiser, aber trotzdem kann er oft nicht so, wie er will. Einige notorische Friedfische in Berlin wie etwa der Reichskanzler Bethmann Hollweg sind ihm im Wege. Und Conrad hat in Wien das Problem, dass sein großer Förderer Thronfolger Erzherzog Franz Ferdinand zugleich auch sein großer Bremser ist. Franz Ferdinand hält viel von Conrad, aber er ist auch ein überzeugter Friedensapostel und dämpft den Generalstabschef und alle anderen, die gerne gegen Serbien losschlagen würden. Es ist eine Krux. Auch bei den beiden Balkankriegen konnten die Armeen Österreich-Ungarns und Deutschlands den Schlachten nur aus der Ferne zusehen, während die Regierungen beider Staaten in London mühselig um diplomatische Lösungen rangen – diplomatische Lösungen, die sich dann letzten Endes doch an den Ergebnissen auf dem Schlachtfeld orientieren mussten. Das Resultat des Ganzen: die Stellung Österreich-Ungarns auf dem Balkan ist erheblich ramponiert, und Deutschland muss Acht geben, als Verbündeter der Österreicher nicht ebenfalls ins Abseits zu geraten. Schöne Diplomatie!

Doch so vollkommen einig sind sich die beiden Generalstabschef dann doch auch wieder nicht. Von Moltke teilt ganz offenbar die deutsche Kritik an der probulgarischen Politik Österreich-Ungarns, das deutet er in seinem Schreiben mehr als an, während Conrad offenbar die österreichische Position für richtig hält. Doch solche Differenzen sollen die Kameradschaft echter Freunde nicht trüben. Schnell wischt von Moltke den eigentlich schwerwiegenden politischen Konflikt zwischen Berlin und Wien beiseite. Zählen soll nur die soldatische Gemeinschaft. Trotz der Ablehnung der österreichischen Bulgarienpolitik: ein gewisses Verständnis für den Wunsch der Hardlinerfraktion in Wien, jetzt endlich gegen Serbin loszuschlagen, das sich auf dem Balkan immer breiter macht, kann der deutsche Generalstabschef durchaus aufbringen. Eigentlich sogar eine ganze Menge Verständnis. Das soll sich in nächster Zeit noch deutlich zeigen. Und es soll sich vor allem noch auf fatale Weise in jenem Juli 1914 zeigen, der zum Schicksalsmonat des europäischen Kontinents werden wird. Als nach der Ermordung des österreichischen Thronfolgers Erzherzog Franz Ferdinand durch serbische Nationalisten die Nerven der Wiener Politik blank liegen, werden sich sowohl Conrad als auch von Moltke als ganz entschiedene Kriegsbefürworter profilieren. Dabei wird es zu der ganz bitteren geschichtlichen Ironie kommen, dass ausgerechnet die Ermordung Franz Ferdinands, der sich immer klar gegen einen Krieg gegen Serbien ausgesprochen und die Fraktion der Kriegsbefürworter zurückgepfiffen hatte, zum Auslöser eben jenes Krieges und damit auch zum Auslöser eines verheerenden Weltenbrands wird.

Wenn man sich später fragen wird, wer zum engeren Kreis der Männer in den verschiedenen europäischen Ländern gehörte, die durch ihr Verhalten in der Julikrise ganz wesentlich für den Ausbruch des Weltkrieges mitverantwortlich sind, dann wird man sich Conrads und Moltkes erinnern. Doch noch ist es lange nicht so weit. Im August 1913 geht es erst einmal nur um eine Einladung zum diesjährigen Kaisermanöver in Schlesien, und die hat Conrad wegen der deutsch-österreichischen Verstimmung zunächst einmal absagen müssen. Das gute persönliche Verhältnis zwischen von Moltke und Conrad übersteht aber diese Krise. Gerade die Tatsache, dass sie beide in ihren Ländern als Hardliner gelten und mit ihren ganz klar militärisch ausgerichteten Ansichten auf ähnliche Widerstände treffen, mag sie zusammenschweißen. Da haben sich zwei gefunden, die per-

sönlich und ideell zusammenpassen. Was immer auch sonst
man über die beiden Männer denken oder schreiben mag:
der vertraulich-liebevolle Ton im Brief von Moltkes an Conrad scheint echt zu sein.

September 1913

Nach dem Ende des Zweiten Balkankriegs mit seinem für
Österreich-Ungarn katastrophalen Ausgang hat die Verärgerung zwischen Berlin und Wien im August 1913 ihren
Höhepunkt erreicht. Anfang September aber scheint sich
die Stimmung schon wieder zu wandeln. Offenbar setzt sich
die Erkenntnis durch, dass eine weitere Eskalation des
Streits allenfalls den Gegnern des Dreibunds in die Hände
spielen würde. Eine Wiederannäherung der beiden Bündnispartner scheint jetzt dringend geboten. Der friedlieben-
de österreichische Thronfolger Franz Ferdinand stiftet wieder einmal Frieden. Mit außerordentlich warmherzigen
Worten wendet er sich an den deutschen Kaiser und gratu-
liert ihm zu seiner erfolgreichen Politik, die er immer mit
größter Bewunderung verfolgt habe, und mit der er sich
vollkommen identifiziere. Bald müsse man sich einmal wie-
dersehen und die jüngsten politischen Ereignisse bespre-
chen. Wilhelm ist begeistert und kündigt seinen baldigen
Besuch an. Das Klima zwischen den Verbündeten ist wieder
deutlich besser. Und auch die eigentlich schon abgesagte
Teilnahme der österreichischen Gäste am deutschen Kaisermanöver kann nun doch wieder stattfinden. Der österreichische Generalstabschef Franz Conrad von Hötzendorf

kann jetzt also doch zu seinem deutschen Amtskollegen Helmuth von Moltke nach Schlesien fahren und dort den gemeinsamen italienischen Amtskollegen Alberto Pollio kennenlernen. Von Moltkes Experiment, den Italiener Pollio mit dem äußerst italienkritischen Conrad zusammenzubringen, kann stattfinden. Alles wendet sich zum Guten.

In Schlesien wird Conrad von den Deutschen außerordentlich freundlich und zuvorkommend behandelt. Nicht nur von Moltke zeigt sich gewohnt liebenswert, auch Seine Majestät höchst selbst bemühen sich sehr um den österreichischen Gast. Dabei kommt es zu bemerkenswerten Bekenntnissen des deutschen Kaisers. Conrad hält sie offenbar für so bedeutsam, dass er sie später in seinen Erinnerungen in Form eines Dialogs zwischen ihm und dem Monarchen wiedergeben wird wie die Szene aus einem Bühnenstück. Nachdem Conrad darüber räsoniert, dass er schon 1909 gegen die Serben habe losschlagen wollen, dabei aber im Stich gelassen worden sei, antwortet der Kaiser: „Ich habe Ihre Soldaten nicht zurückgehalten, ich habe erklärt, daß Deutschland ganz auf Ihrer Seite stehen wird." Conrad fügt hinzu: „Auch in diesem Jahr hätten wir noch Gelegenheit gehabt, gegen Serbien vorzugehen." Der Kaiser erwidert: „Warum ist es nicht geschehen? Es hat sie niemand verhindert!"

Wie soll man diese Aussage Wilhelms II. deuten? Will man den Generalstabschef Österreich-Ungarns nur betont freundlich behandeln und ihm besonders entgegenkommend erscheinen, oder stimmt es tatsächlich, dass der deutsche Kaiser einem Angriff der Österreicher auf Serbien so gänzlich entspannt und wohlwollend zugesehen hätte? Alle Beteiligten wissen doch wohl, dass der Kaiser die Wiener Politik in den vergangenen Monaten wegen ihrer serbenfeindlichen Haltung immer wieder getadelt hat. Aus Sicht Wilhelms hätte Österreich-Ungarn eine Art Bündnis mit Serbien suchen müssen und nicht den Konflikt. Ist das jetzt alles vergessen? Die Schuld an dieser aus deutscher Sicht verfehlten österreichischen Politik schreibt man in Berlin vor allem dem österreichischen Außenminister Berchtold zu, von dem man jetzt endgültig genug hat, und dessen baldige Amtsenthebung man nur allzu gerne sehen würde. Generalstabschef Conrad ist in vielerlei Hinsicht ein Gegner und Konkurrent Berchtolds. Vielleicht wird er auch deshalb so gut behandelt in Schlesien. Aber seine Haltung gegenüber Serbien ist genauso feindselig wie die Berchtolds, ja vielleicht sogar noch feindseliger. Für eine serbenfreundliche Politik steht Conrad nun wirklich nicht. Dennoch gibt es zwischen seiner Haltung gegenüber Serbien und der Haltung Berchtolds einen gewissen Unterschied, der nicht zu vernachlässigen ist. Beide stehen im scharfen Widerspruch zu den Serben, aber Berchtold will nach Möglichkeit keinen Krieg. Conrad will ihn, und das macht ihn für die vergleichsweise serbenfreundlichen Deutschen im Moment attraktiver. Das klingt widersinnig, aber es folgt einer gewissen Logik.

Berchtolds Politik führt nach Ansicht der Deutschen zu einem Dauerclinch mit den Serben und damit zu einem Dauerproblem. Conrad dagegen will einen schnellen und siegreichen Krieg gegen Serbien, der mit der Annexion des unbequemen Nachbarn enden soll. Serbien wird einverleibt und kann dann zusammen mit den anderen slawischen Landesteilen innerhalb der Donaumonarchie einen Südslawenstaat bilden, der eine gewisse Autonomie erhalten wird – so wie Ungarn, das seit 1867 in seiner Innenpolitik von Wien weitgehend unabhängig ist. Die Gefahr eines Großserbiens wäre dann ein- für allemal beseitigt. Und auch aus einem anderen Grund hätte diese Variante aus Sicht der Österreicher durchaus ihren Charme: Gäbe es einen Südslawenstaat innerhalb der Donaumonarchie, würde man also vom Dualismus Österreich-Ungarns zu einem Trialismus gelangen, dann wäre auch der Einfluss der Ungarn innerhalb des Gesamtstaates geringer. Im besten Falle neutralisierten sich Ungarn und Südslawen gegenseitig. In Wien stören sich schon seit langem viele am zunehmenden Gewicht der Ungarn. Auch der österreichische Thronfolger Franz Ferdinand und Außenminister Berchtold befürworten einen Südslawenstaat innerhalb der Donaumonarchie zur Neutralisierung der Ungarn. Aber einen Krieg gegen Serbien wollen sie trotzdem nicht. Generalstabschef Conrad ist da aus anderem Holze geschnitzt. Dass das dem deutschen Kaiser imponiert, ist nicht überraschend. Er will zwar ein Friedenskaiser sein, aber markige Worte und schneidiges Auftreten haben ihm schon immer gefallen. Schließlich ist er selbst reichlich geübt auf diesem Gebiet.

Das Verhalten Wilhelms II. gegenüber dem österreichischen Generalstabschef im September 1913 ist trotzdem bemerkenswert. Seine Bemerkung, niemand habe die Österreicher verhindert, gegen Serbien vorzugehen, klingt geradezu nach einem Freibrief zum Eingreifen gegen Belgrad. Zu genau dieser Haltung der Rückendeckung einer aggressiven Serbienpolitik Österreich-Ungarns soll die deutsche Politik denn dann auch noch ganz explizit gelangen, und genau dies soll im Juli 1914 jenen fatalen Mechanismus auslösen, über den Deutschland nach der Ermordung Erzherzog Franz Ferdinands in den österreichischen Konflikt mit Serbien hineingezogen und schließlich der Weltkrieg ausgelöst wird. Der berüchtigte Blankoscheck des deutschen Kaisers, der den Österreichern freie Hand gegen Serbien einräumen wird, scheint sich hier in Schlesien im September 1913 schon in seinem wesentlichen Gehalt zu manifestieren. Eine klare gerade Linie scheint von hier aus bis in den Juli 1914 zu führen. Sie endet in einer Katastrophe.

Doch nicht nur die Gespräche des österreichischen Generalstabschefs mit Helmuth von Moltke und dem deutschen Kaiser verlaufen außerordentlich freundschaftlich. Auch Conrads Begegnung mit seinem italienischen Kollegen Alberto Pollio gestaltet sich ganz so, wie von Moltke es sich gewünscht hat. Conrad gewinnt einen sehr positiven Eindruck von Pollio. Der sichert die Bündnistreue Italiens zu, an der der Österreicher Conrad immer noch starke Zweifel hegt. In seinen Erinnerungen schreibt Conrad über Pollio: „Sein ernstes, ruhiges, überlegtes Wesen wirkte sympathisch und vertrauenserweckend. Ich hatte das Gefühl, daß er es mit der Bündnistreue ehrlich meinte und verkehrte offen und vertrauensvoll mit ihm. Aber General Pollio war nicht Italien!“.

Mit der Begegnung der beiden Generalstabschefs ist das Eis also erst einmal gebrochen. Der Italiengegner Conrad kommt mit dem Italiener Pollio gut zurecht. Der Zusammenführungsversuch Helmuth von Moltkes ist also zunächst einmal geglückt. Und dennoch: ganz überwunden sind die Zweifel Conrads an der Bündnistreue Italiens noch lange nicht. Auch wenn Pollio es ehrlich meint, so kann die italienische Politik in Zukunft doch auch wieder einen ganz anderen Weg einschlagen. Das Treffen in Schlesien war allenfalls ein Anfang. Von Moltke muss sein Werben um Vertrauen für Italien bei Conrad noch intensiv fortführen, will er den inneren Zusammenhalt des Dreibunds weiter stärken. Doch offenbar ist er von seiner Mission überzeugt. Letzten Endes aber wird Conrad mit seiner Skepsis Recht behalten. Bei Ausbruch des Ersten Weltkriegs wird sich die italienische Regierung ihren beiden Bündnispartnern nicht anschließen, sondern Anfang August 1914 ihre Neutralität erklären und später sogar der Entente beitreten. Und diese Untreue wird sich für Rom auszahlen: Wenn Österreich-Ungarn am Ende des Ersten Weltkriegs zusammenbricht, wird sich Italien aus dessen Erbmasse einiges herausschneiden können. Die Irredenta bekommt endlich ihre Wünsche erfüllt, und Italien wird im Vertrag von St. Germain Südtirol mit Bozen, das Trentino mit Trient, Istrien mit Triest und das Kanaltal mit Tarvis von Österreich erhalten. Später kommen noch die dalmatinische Stadt Zadar, die Insel Lastovo und weitere Inseln in Dalmatien hinzu. Der preußische Italienfreund Helmuth von Moltke wird all dies nicht mehr erleben, denn er stirbt 1916 noch während des

Krieges. Doch der Österreicher Conrad erlebt es. All seine Befürchtungen in Hinblick auf Italien werden sich erfüllen. Der Staat jedoch, dem er selbst gedient hat, wird nicht mehr existieren. Das Mitleid der Nachwelt wird sich gleichwohl in Grenzen halten. Aufgrund seiner unerbittlichen Haltung gegenüber Serbien hat Conrad am Ausbruch jenes Krieges, der den Zusammenbruch Österreich-Ungarns erst herbeigeführt hat, erheblichen Anteil. Doch im September 1913 in Schlesien kann man selbstverständlich nicht in die Zukunft sehen und weiß von alledem natürlich noch nichts.

Durch den Frieden von Bukarest vom 10. August 1913 hat Bulgarien fast seine gesamten Eroberungen aus dem Ersten Balkankrieg wieder verloren. Doch eine Verständigung mit der Türkei steht immer noch aus, und die wird den im Zweiten Balkankrieg so verheerend geschlagenen Bulgaren noch weitere Zugeständnisse abverlangen. Eigentlich geht es für Sofia ja nur noch darum, bestimmte Tatsachen anzuerkennen, die die Türkei im Zweiten Balkankrieg schon längst geschaffen hat. Doch das ist schwer genug für die Bulgaren, die in den vergangenen Wochen schon so viele Schläge haben einstecken müssen, und die jetzt offenbar eine weitere tiefe Enttäuschung erwartet.

Im Ersten Balkankrieg hatten sie Ostthrakien mit Adrianopel erobert und sich damit triumphierend über die Türken erhoben, die nun scheinbar fast völlig aus Europa vertrieben waren. Nur wenige Monate später aber – im Zweiten Balkankrieg – kehrte sich das Kriegsglück um, und die schon besiegt geglaubten Türken nahmen Ostthrakien wieder ein und eroberten Adrianopel zurück, während die bulgarischen Streitkräfte durch die Kämpfe im Westen gebunden waren. Diese unerwartete Wendung ist ein Schock für die Bulgaren, und sie können und wollen nicht glauben, dass damit das letzte Wort in der Ostthrakienfrage gesprochen sein soll. Fast den ganzen August über haben sie eifrig versucht, diplomatischen Druck gegen die Türkei aufzubauen und sie zur Wiederherausgabe Ostthrakiens zu bewegen. Völlig aussichtslos erscheint das nicht, denn schließlich möchten auch Russland, Frankreich, Großbritannien und Österreich-Ungarn die Türkei aus Ostthrakien am liebsten wieder heraus haben. Zu einer gemeinsamen Aktion aufraffen können sich die europäischen Großmächte allerdings auch nicht, und so machen auch die diplomatischen Bemühungen Bulgariens letzten Endes keinen Eindruck. In Sofia fängt man nun langsam an umzudenken. Man muss sich wohl doch damit abfinden, dass Ostthrakien türkisch bleibt. Die bulgarische Regierung macht vorsichtige Annäherungsversuche an die Türkei. Nur vor der eigenen Bevölkerung hat sie riesige Angst und traut sich nicht ihr zu sagen, dass man Adrianopel vermutlich verlorengeben muss.

Nicht ganz so trübe wie in Ostthrakien sieht es für die Bulgaren in Westthrakien aus. Hier ist manches sehr ähnlich gelaufen wie im Osten, aber eben nicht alles. Auch Westthrakien haben die Bulgaren zuerst erobert und dann wieder verloren, als sie im Zweiten Balkankrieg militärisch gebunden waren. Doch anders als Ostthrakien hat die Türkei dieses Gebiet nicht einfach wieder zurückerobert, sondern türkische Nationalisten haben hier die Macht an sich gerissen, eine Provisorische Regierung gebildet und eine Türkische Republik Westthrakien ausgerufen. Die wird aber von niemandem anerkannt. Die Türkei leistet zwar dezente Unterstützung, hält sich aber ansonsten bedeckt. Dies hat seinen Grund, denn im Frieden von Bukarest war Westthrakien eigentlich Bulgarien zugesprochen worden, und das wird im Prinzip auch von der Türkei akzeptiert. Die Chancen der Bulgaren, ihre Eroberung aus dem Ersten Balkankrieg zurückzubekommen, stehen somit im Falle Westthrakiens sehr viel günstiger als im Falle Ostthrakiens. Gesichert ist die Durchsetzung der bulgarischen Ansprüche aber auch hier nicht, denn immerhin gibt es in Westthrakien eine große Anzahl türkischer und auch griechischer Bewohner, die auf gar keinen Fall einen Anschluss ihrer Heimat an Bulgarien wünschen. Und die bulgarischen Bewohner, die die Ansprüche Sofias unterstützen könnten, bekommen jetzt mit ganzer Härte die antibulgarische Haltung der neuen Machthaber zu spüren.

Damit sind wir am neuralgischen Punkt der gesamten Neuordnungspolitik angelangt, die den Balkan im frühen 20. Jahrhundert erfasst hat, und die weit über den Fall Bulgarien und Thrakien hinausgreift. Die Vorstellung, dass man eine Region, die durch eine vielfältige Durchmischung unterschiedlicher Völker und Bevölkerungsgruppen geprägt ist, anhand ethnischer und nationaler Trennungslinien neu ordnen und politisch neu strukturieren kann, muss zwangsläufig zu katastrophalen und zutiefst unmenschlichen Konsequenzen führen. In dieser Vorstellung – und vor allem auch in der ihr folgenden politischen Praxis – agieren nicht nur Regierungen und Armeen, sondern ganze Bevölkerungsgruppen gegeneinander, und ganze Bevölkerungsgruppen können auch zu Feinden erklärt und entsprechend behandelt werden. Im Moment bekommen das auf dem Balkan vor allem die Bulgaren zu spüren, weil sie nach dem verlorenen Krieg überall in die Defensive geraten sind. Aber bei weitem nicht nur sie sind Opfer dieser chauvinistischen Politik in Südosteuropa. Griechen, Bulgaren, Türken, Serben, Albanern, bosnische Muslime – eine ungeheure Vielzahl von Bevölkerungsgruppen auf dem Balkan ist im Laufe der Auseinandersetzungen um die neue Machtverteilung nach dem Niedergang des Osmanischen Reichs von Flucht, Vertreibung und Verfolgung betroffen. Und im Laufe des 20. Jahrhunderts werden noch unzählige europäische Völker unter den schrecklichen Konsequenzen dieser Ideologie zu leiden haben, die sich in weiten Teilen Europas wie eine Seuche verbreiten wird.

Doch sie ist keine Seuche, sondern von Menschen gemacht. Nationalistische Agitatoren treten fast überall hervor und putschen die Menschen gegen andere Völker und Volksgruppen auf. Völker die zum Teil jahrhundertelang – wenn auch nicht immer ohne Konflikte – nebeneinander und miteinander gelebt haben, sollen dies nun nicht mehr können. Türken sollen jetzt nur noch unter Türken, Griechen nur noch unter Griechen und Bulgaren nur noch unter Bulgaren leben können. Der Nationalismus, der schon im 19. Jahrhundert groß und mächtig geworden ist, nimmt in Teilen Europas nun geradezu wahnwitzige Züge an. Ethnisch homogene Landstriche sollen entstehen, auch dort, wo gegenwärtig noch Menschen ganz unterschiedlicher Herkunft zusammenleben. Das bedeutet, dass jene Bevölkerungsgruppen, die jetzt als volksfremd deklariert werden, aus der Region entfernt werden müssen. Dies kann durch Massenvertreibungen, im Zweifel aber auch durch Mord und Totschlag geschehen. Fast alles ist erlaubt, um das große Ziel ethnisch homogener Landschaften zu erreichen. Und immer mehr extremistische und nationalchauvinistische Gruppierungen formieren sich, denen dieser absolute Irrsinn vollkommen plausibel erscheint. Am Ende des 20. Jahrhunderts, wenn sich dieses Vorgehen auch im zerfallenden Jugoslawien erneut vielfach abspielen wird, wird man dafür den zynischen Begriff der „ethnischen Säuberungen" prägen.

Die verschiedenen Regierungen gehen sehr unterschiedlich mit dem sich offenbar ständig steigernden Nationalismus in Europa um. Je nach dem was ihnen ihre eigene Position angeraten erscheinen lässt, agieren sie jeweils abschwächend oder verstärkend, verzögernd oder beschleunigend, zurückhaltend oder vorpreschend auf das sich ausbreitende Phänomen. Eine Strategie, die in einem Falle nützlich sein kann, kann sich im anderen als schädlich erweisen. In den nach dem Ende der osmanischen Herrschaft aufstrebenden Nationalstaaten des Balkans stützen sich die Regierungen mehr oder weniger alle auf den neu erstarkenden Nationalismus in ihren Ländern und schüren ihn nach Kräften. Für die Verantwortlichen an der Spitze des Vielvölkerstaats Österreich-Ungarn dagegen ist der zunehmende Nationalismus kreuzgefährlich und muss dringend eingedämmt werden, sofern sich dazu überhaupt irgendwelche Möglichkeiten bieten. Gleichwohl bedient man sich auch in Wien gerne des Instruments der nationalistischen Aufwallung, wenn es darum geht, die verschiedenen Völker, mit denen man es zu tun hat, gegeneinander auszuspielen.

So oder so – das Spiel der Regierungen mit dem Nationalismus ist immer gefährlich, weil man den nationalistischen Geist nur noch schwer in die Flasche zurückbekommt, wenn man ihn erst einmal herausgelassen hat. So manche Regierung, die die nationalistischen Wunschträume ihrer Bevölkerung zunächst befördert hat, um selbst auf der nationalen Welle zu reiten oder um ihre Bürger gegen andere Staaten und Völker zu mobilisieren, wird später von ihrer eigenen Agitation eingeholt, wenn sie die überzogenen Erwartungen der Menschen nicht mehr erfüllen kann, aber es auch nicht wagt, vor den enttäuschten Massen zum Rückzug zu blasen. So geht es jetzt etwa der bulgarischen Regierung mit Adrianopel. Und einige Regierungen werden schließlich selbst zum ausführenden Organ des radikalsten Nationalismus und beginnen, das Programm der ethnischen Homogenisierung umzusetzen, das auf direktem Wege zu Vertreibung, Verfolgung und Mord führt. Die Bulgaren nicht nur in West-, sondern auch in Ostthrakien müssen das im Sommer 1913 schmerzlich erfahren und spüren die Konsequenzen dieser unmenschlichen Politik nun bitter.

Nachdem die Türken im Ersten Balkankrieg die Eroberung Thrakiens durch die Bulgaren haben erleben müssen und dann im Zweiten Balkankrieg den Osten Thrakiens zurückerobern konnten, wollen sie jetzt mit dem Bulgarentum in Ostthrakien ein- für allemal Schluss machen. Schon vor zehn Jahren hatte es in Ostthrakien massive Konflikte zwischen Türken und Bulgaren gegeben, in deren Folge schon damals, 1903, viele Bulgaren geflohen waren. Nun aber haben die Türken in Ostthrakien endgültig genug von den Bulgaren. Nie wieder sollen sie Gelegenheit bekommen, diesen Landstrich an Bulgarien anzuschließen. Sie sollen weg, und zwar alle. Die gesamte bulgarische Bevölkerung. Und genauso geschieht es auch. Bulgarische Einrichtungen werden geschlossen, die Menschen des Landes verwiesen. Eine riesige Vertreibungsaktion beginnt. In den Grenzregionen Bulgariens treffen massenweise Flüchtlinge ein. Doch auch in umgekehrte Richtung bewegen sich riesige Flüchtlingsströme, und unzählige Türken fliehen aus bulgarisch beherrschten Gebieten in die Türkei. Unter diesen Umständen ist es alles andere als einfach für die beiden Regierungen, aufeinander zuzugehen und sich miteinander zu verständigen. Aber es bleibt insbesondere den Bulgaren gar nichts anderes übrig. Durch den Zweiten Balkankrieg sind sie extrem geschwächt und können ihre Ansprüche auf Ostthrakien schlicht nicht mehr durchsetzen. Bulgarien muss einlenken. Am 29. September schließt es mit der Türkei den Vertrag von Konstantinopel und verzichtet auf Ostthrakien. Die Hoffnung der Vertriebenen, in ihre Heimat zurückkehren zu können, erlischt damit.

Das ist bitter. Aber der Vertrag von Konstantinopel hat aus bulgarischer Sicht auch bedeutsame positive Seiten. Auch die Pforte hat entscheidende Zugeständnisse gemacht. So wie Bulgarien auf den Osten Thrakiens verzichtet, verzichtet die Türkei nun auf den Westen. Aus Sicht der türkischen Nationallisten in Westthrakien, die die dortige Provisorische Regierung gebildet haben, ist das ein schlimmer Verrat. Sie haben für die türkische Vorherrschaft in Westthrakien gekämpft und dort die Macht errungen, aber jetzt entzieht ihnen die Regierung der Türkei endgültig die Unterstützung und damit auch den letzten Hauch von Legitimität. Nach dem Vertrag von Konstantinopel fehlt ihnen nun jegliche politische Grundlage zur weiteren Entfaltung ihres Einflusses. Die von ihnen proklamierte Türkische Republik Westthrakien war schon dabei, eine eigene Polizei und eine eigene Post aufzubauen. Eigene Briefmarken sollten herausgegeben werden. Das aber ist jetzt alles Makulatur. Nach nicht einmal zwei Monaten ihrer Existenz wird die Türkische Republik Westthrakien endgültig gescheitert sein. Westthrakien wird wieder bulgarisch.

Die Zeitgenossen beurteilen den Vertrag von Konstantinopel mit gemischten Gefühlen, und auch die Nachwelt in künftigen Jahrzehnten wird dies so tun. Zunächst einmal schafft er zwischen der Türkei und Bulgarien eine friedliche Regelung und klare Verhältnisse, und das ist nicht wenig. Dann aber düpiert er irgendwie auch die europäischen Großmächte, denn die hatten ja Ende Mai im Frieden von London entschieden, dass Thrakien zu Bulgarien kommen solle. Nun aber verfügen Bulgarien und die Türkei in Bezug auf Ostthrakien etwas anderes, und sie bitten die Großmächte dabei noch nicht einmal um ihre Erlaubnis. Aus der historischen Rückschau nach einhundert Jahren allerdings interessiert dieser Aspekt des Vertrages eigentlich kaum noch. Seine besondere Ambivalenz geht von einem anderen Punkt aus. Im Vertrag von Konstantinopel vereinbaren erstmals zwei Staaten einen groß angelegten Bevölkerungsaustausch auf dem Balkan miteinander. In einer 15 km breiten Zone östlich und westlich der neuen Grenzlinie sollen die Bulgaren von Ost nach West und die Türken von West nach Ost umgesiedelt werden. Es handelt sich also streng genommen um eine von zwei Staaten vertraglich vereinbarte groß angelegte Vertreibung. Eigentlich eine Ungeheuerlichkeit. Das Urteil der Nachwelt über diese Regelung fällt denn auch dementsprechend ablehnend aus.

Gleichwohl darf auch die andere Seite der Medaille nicht übersehen werden. Beide Regierungen versuchen mit dem Vertrag zugleich, die schlimmsten Auswüchse der Vertreibungen durch strikte Kontrolle des gesamten Ablaufs zu vermeiden. Türkisch-Bulgarische Kommissionen sollen die Durchführung der Umsiedlungsmaßnahmen überwachen. Das Eigentum der Umzusiedelnden soll geschützt werden. Alles soll geordnet verlaufen, ohne Mord und Totschlag, ohne Exzesse und massive Gewalt. Gewissermaßen als eine Vertreibung unter strenger behördlicher Aufsicht. Darüber mag man sich wundern. Auch diese Aufsichtsmaßnahmen mögen das Gewaltsame und Gewaltige einer solch umfassenden Umsiedlungsaktion nur bedingt gemildert haben. Das Ziel der ethnischen Homogenisierung einer ethnisch gemischten Region erscheint uns heute zu Recht als aberwitzig. Zweifellos sind es auf dem Balkan des frühen 20. Jahrhunderts auch vor allem radikale Nationalisten, die auf

der Grundlage irrealer chauvinistischer Ideologien Maßnahmen einer völkischen Entmischung propagieren. Dennoch kann nicht übersehen werden, dass zur gleichen Zeit
auch gemäßigtere Kräfte in einer Politik der ethnischen
Homogenisierung eine adäquate Methode erblicken, Spannungen zwischen den Völkern auf dem Balkan abzubauen.
Hundert Jahre später erscheint uns dies als ein schreckli-
cher Irrweg aus der ersten Hälfte des 20. Jahrhunderts.
Doch die Ereignisse jüngerer Zeit nach dem Zerfall Jugosla-
wiens mahnen zur Vorsicht. Vollkommen befriedet sind die
nationalen Spannungen in Südosteuropa auch heute nicht.
Dass sie in der einen oder anderen Form nie wieder auf-
flammen werden, wird auch heute niemand verbindlich
erklären können.

Was den Vertrag von Konstantinopel angeht, so werden die
entsprechenden Vereinbarungen, wie auch immer man sie
beurteilen mag, nicht mehr zum Tragen kommen. Als der
Vertrag in Kraft tritt, ist es für sie schon zu spät. Die Realität
von Flucht und Vertreibung in ihrer ungeordneten und
anarchischen Form hat bereits Fakten geschaffen. Etwa
50.000 Bulgaren sind bereits von Ostthrakien nach Westthrakien und etwa 50.000 Türken von Westthrakien nach
Ostthrakien geflohen. Alles andere ist jetzt nur noch ein
frommer Wunsch. Zur geordneten großen Umsiedlungsaktion unter strenger behördlicher Aufsicht kommt es nicht
mehr.

In Wien tut man sich immer noch schwer damit, den Ausgang des Zweiten Balkankriegs zu verdauen. Das ist auch
kein Wunder, denn eigentlich hat sich mit dem Niedergang

Bulgariens alles zum Schlechten gewendet für die österreichische Balkanpolitik. Viel ist nicht mehr übriggeblieben von den ambitionierten Plänen Österreich-Ungarns in Südosteuropa. Die Gründung des neuen Staats Albanien ist eigentlich das einzige, was die Donaumonarchie im Laufe der Machtkämpfe der letzten Monate hat durchsetzen können. Damit hat man wenigstens den Serben den Weg an die Adria verbaut und die radikalen serbischen Nationalisten, die ganz unverblümt von einem Großserbien träumen, in ihre Schranken verwiesen. Das ist nicht schlecht, aber doch alles in allem ein nur sehr bescheidener Erfolg. Und selbst dieser bescheidene Erfolg scheint nun durch den neuerlichen Machtzuwachs Serbiens wieder infrage gestellt zu sein.

Obwohl die serbische Regierung immer wieder beteuert, die Unabhängigkeit Albaniens achten zu wollen, scheint in der politischen Realität doch das ganze Gegenteil der Fall zu sein. Noch immer befinden sich serbische Truppen auf albanischem Territorium im Umfeld der neuen serbisch-albanischen Grenze. Immer wieder hat die serbische Regierung angekündigt, ihre Truppen aus Albanien abziehen zu wollen, aber sie tut es nicht. Österreich-Ungarn protestiert ständig gegen diesen Zustand, aber Belgrad reagiert nicht, und die europäischen Großmächte machen auch keine Anstalten, ernsthaft etwas dagegen zu unternehmen. Dabei haben sie doch alle dem Frieden von London zugestimmt, in dem es heißt, dass Serbien, Montenegro und Griechenland ihre Truppen aus Albanien abziehen müssen. Doch dies jetzt auch durchzusetzen, ist offenbar nicht ihre Sache.

Russland sieht sich noch immer als Fürsprecher Serbiens im Konzert der europäischen Mächte, und England und Frankreich wollen ihrem Bündnispartner Russland nicht vor den Kopf stoßen. Auch Italien will sich lieber nicht allzu sehr mit Serbien anlegen, und Deutschland nimmt wiederum Rücksicht auf seinen Bündnispartner Italien, und hat obendrein von der antiserbischen Politik Österreich-Ungarns ja noch nie viel gehalten. Mit dem gemeinsamen Vorgehen der Europäer gegen das Verbleiben serbischer Truppen in Albanien wird es also erst einmal nichts. Der Protest der europäischen Großmächte gegen das Verhalten Belgrads bleibt lauwarm, und Österreich-Ungarn steht mit seiner strikten Haltung gegenüber Serbien mal wieder alleine da.

Das alles ist schon schlimm genug für die Wiener Politik. Aber es kommt noch schlimmer. Der lange schon schwelende Konflikt zwischen Albanern und Serben eskaliert nun endgültig im Streit um das Kosovo. Dass er gerade wegen des Kosovo eskaliert, ist alles andere als ein Zufall. Im Frieden von London war das Kosovo Serbien zugesprochen worden. Das aber wollen die Albaner auf keinen Fall hinnehmen. Aus ihrer Sicht ist das Kosovo schon seit Menschengedenken albanisch, und in den zum Kosovo gehörenden Städten Debar, Prizren und Djakovica sehen sie alte Zentren albanischen Lebens und Handels, auf die sie auf gar keinen Fall verzichten können. Die Serben und auch die Russen sehen das natürlich ganz anders. Aus serbischer Sicht ist mit dem Kosovo ein urserbisches Gebiet nach Jahrhunderten der Fremdherrschaft befreit und wieder an seine alte serbische Heimat zurückgegeben worden. Die Albaner haben demnach dort überhaupt nichts zu suchen.

Tatsächlich hatte das Kosovo im Mittelalter einmal knappe zweihundert Jahre zum Serbischen Reich und dessen Nachfolgestaaten gehört, bevor es mit der Machtentfaltung der Osmanen unter türkische Herrschaft geraten war. Doch die Geschichte des Kosovo ist viel zu wechselhaft und seine Bevölkerung ethnisch viel zu durchmischt, als dass man es eindeutig einer bestimmten Nation zuordnen könnte. Byzantinische, bulgarische, serbische und türkische Herrscher haben hier einander abgewechselt, Albaner, Serben, Türken, Roma und Sachsen im Laufe der Jahrhunderte sich angesiedelt. Aus der wechselhaften Geschichte des Kosovo lässt sich hinsichtlich seiner nationalen Zugehörigkeit also alles und nichts ableiten. Die Nationalisten in Serbien und Albanien allerdings lassen sich davon nicht beirren. Auf beiden Seiten der neuen serbisch-albanischen Grenze beharren sie auf ihren Standpunkten und wiegeln die Menschen gegeneinander auf. Dass es da irgendwann mal zum Knall kommt, ist wirklich kein Wunder.

Zum Knall kommt es schließlich wegen der Frage des Zugangs der Albaner zu den Märkten von Debar und Djakovica. Diesen Zugang, der seit Ewigkeiten völlig selbstverständlich war, wollen sie sich nicht nehmen lassen. Und sie sind auch tatsächlich auf ihn angewiesen, denn wo sonst sollen sie künftig ihre Lebensmittel kaufen – es gibt ja gar keine anderen Handelszentren in der näheren Umgebung?! Das aber sind nicht die Sorgen der Serben. Sie haben jetzt endgültig genug von den Albanern und wollen sie künftig weder in Debar noch in Djakovica noch sonst wo im Kosovo sehen. Debar und Djakovica gehören jetzt ein- für allemal zu Serbien, und die Albaner sollen das gefälligst akzeptieren und auf ihrer Seite der neuen Grenze bleiben. Dass es dort keine Lebensmittel zu kaufen gibt, ist ihr Problem. Auf serbische Hilfe sollten sie jedenfalls nicht setzen. Albaner, die ins Kosovo einreisen wollen, werden jetzt an der Grenze von den Serben immer heftiger schikaniert und immer häufiger abgewiesen. Schließlich wird die Grenze für Albaner fast völlig dicht gemacht. Marktbesucher aus Albanien, die trotzdem im Kosovo aufgegriffen werden, werden festgenommen, zurück nach Albanien gebracht und dort von serbischen Truppen erschossen. Drastischer und brutaler kann man nicht mehr deutlich machen, dass man es ernst meint.

Ernst meinen es aber auch die Albaner. Um keinen Preis wollen sie sich den Zugang zum Kosovo nehmen lassen, und die Erschießung von Grenzgängern bestärkt sie nur in ihrem Hass auf die Serben. Die neue Grenze, die da irgendwelche fremden Mächte in London auf dem Papier gezogen haben, ist mit ihrer Lebenswirklichkeit nicht vereinbar. Natürlich werden sie auch weiterhin das Kosovo als albanisches Gebiet betrachten. Natürlich werden sie auch weiterhin in Debar und Djakovica einkaufen gehen, wie sie das schon seit Jahr und Tag tun. Den Zugang dorthin werden sie sich schon irgendwie verschaffen. Wenn es nicht im Guten geht, dann geht es halt mit Gewalt. Eine ansehnliche Zahl von Mutigen und Waghalsigen schließt sich zusammen, bewaffnet sich und geht gewaltsam gegen die serbischen Truppen vor. Schließlich kommt es zu einer regelrechten Revolte gegen die Serben. Und die aufständischen Albaner haben erstaunlichen Erfolg. Sie dringen bis ins Kosovo vor, schlagen die serbischen Truppen zurück und nehmen Debar ein. Jetzt sollen ihnen die Serben noch einmal verbieten, hier einzukaufen!

Für die Albaner ist das alles eine tolle Wendung des Schicksals. Sie haben gezeigt, dass sie sich die brutale Behandlung durch die Serben nicht gefallen lassen, dass sie für ihre Rechte einstehen und kämpfen. Und sie haben den scheinbar so übermächtigen Serben eine empfindliche Niederlage bereitet. Albanien jubelt. Aber in Wien macht man sich große Sorgen, und man macht sie sich, wie sich zeigen soll, völlig zurecht. Seit geraumer Zeit versucht Österreich-Ungarn, die anderen europäischen Großmächte davon zu überzeugen, dass man Serbien dazu bringen muss, seine Truppen aus Albanien abzuziehen – und nun das! Völlig klar ist doch, wie Belgrad diesen ganzen Vorgang beurteilen wird. Aus Belgrader Sicht kann das Ganze doch nur als ein unerhörter und unentschuldbarer Übergriff auf serbisches Territorium gewertet werden. Und Belgrad ist gerade in einer sehr starken Position. Es hat gerade sehr erfolgreich zwei Balkankriege bestritten, seinen Konkurrenten Bulgarien ausgeschaltet, sein Territorium erheblich erweitert, und es verfügt über sehr starke und gut bewaffnete Streitkräfte. Dass es sich von ein paar aufmüpfigen Albanern eine solche Demütigung gefallen lässt, ist nahezu auszuschließen. Und: Serbien hat jetzt gewisse Argumente an der Hand, um gegen die Albaner vorzugehen. Dass der Kosovo zu Serbien kommen soll, war ja von den europäischen Mächten im Londoner Frieden gemeinsam beschlossen worden. Auch Österreich-Ungarn hatte dem zugestimmt. Gewiss, ein größeres Albanien und ein kleineres Serbien wäre den Österreichern allemal lieber gewesen. Doch hatte man in Wien schon froh genug darüber sein müssen, dass man Russland und der Triple-Entente überhaupt die Existenz eines Staates Albanien hatte abringen können. Das Hauptziel der Wiener Politik, den Serben den Zugang zur Adria zu verbauen, war damit erreicht. Dass das Kosovo dabei an Serbien fiel, war für Österreich-Ungarn damals nur eine Art Nebensächlichkeit gewesen. Nun aber kann das bewaffnete Vorgehen der albanischen Bevölkerung gegen die Serben im Kosovo leicht zu einem gefährlichen Argument Belgrads gegen die Albaner werden.

Tatsächlich lässt die Reaktion Belgrads nicht lange auf sich warten. Serbien holt zu einem Gegenschlag aus, dem die albanischen Rebellen nicht gewachsen sind. Die Kämpfe verlaufen äußerst brutal. Bald schon sind die albanischen Erfolge im Kosovo wieder zunichte gemacht. Und Belgrad beschränkt sich bei seinen militärischen Maßnahmen nicht auf den Kosovo. Auch auf albanischem Territorium verfolgt es die Rebellen. Von einem Abzug Serbiens aus Albanien kann nun natürlich keine Rede mehr sein. Ganz im Gegenteil. Serbien will seine militärische Präsenz in Albanien jetzt noch weiter ausbauen. Es will gegen die Aufständischen gleich vor Ort vorgehen und eine Wiederholung der jüngsten Vorgänge unter allen Umständen vermeiden. Die serbisch-albanische Grenze soll stabilisiert, Ruhe und Ordnung sollen wieder hergestellt und die Bestimmungen des Londoner Friedens konsequent umgesetzt werden. So lautet jedenfalls die offizielle Begründung Belgrads für das Vorrücken in Albanien. Bei den Österreichern aber läuten jetzt alle Alarmglocken. Sollte sich Serbien unter diesem Vorwand nun daran machen, Stück für Stück ganz Albanien zu besetzen, dann könnte daraus möglicherweise bald schon der Anfang vom Ende Albaniens werden. Belgrad versucht zu beruhigen und erklärt, alles sei nur vorübergehend, man werde die serbischen Truppen aus Albanien sofort wieder abziehen, sobald sich die Lage stabilisiert habe und die rebellischen Albaner sich wieder beruhigt hätten. In Wien aber glaubt man kein Wort davon. Man weiß, dass die radikalen serbischen Nationalisten trotz der gewaltigen Territorialgewinne, die Serbien in den letzten Monaten machen konnte, noch lange nicht zufrieden sind. Sie wollen ein Großserbien, und dafür sind weitere Landgewinne dringend notwendig. Die Sorge um den Fortbestand Albaniens nimmt in Wien immer nervösere Formen an. Wenn Albanien von der Landkarte verschwände, wäre auch der letzte kleine Erfolg, den Österreich-Ungarn in den Auseinandersetzungen um die Macht auf dem Balkan in den vergangenen Monaten erzielen konnte, zunichte gemacht. Die Serben hätten dann freien Zugang zur Adria. Und mit den Serben – das ist ganz klar – hätten ihn auch die Russen. Ein Alptraum würde wahr für Österreich-Ungarn. Das darf auf gar keinen Fall passieren! Wien wird alle Hebel in Bewegung setzen, um das zu verhindern. Es gibt nur eins. Die Serben müssen unbedingt raus aus Albanien!

Oktober 1913

In Wien ist es wie so oft: Der österreichische Generalstabschef Franz Conrad von Hötzendorf spricht sich entschieden für einen Krieg gegen Serbien aus, der österreichische Außenminister Leopold Graf Berchtold hält dagegen und setzt sich für eine friedliche Lösung des Konflikts mit Serbien ein. Das ist schon fast wie ein Ritual: Immer wieder fordert Conrad den Krieg gegen Serbien, und immer wieder setzt sich letzten Endes die Antikriegspartei mit Berchtold und Thronfolger Franz Ferdinand durch. Auch die Rollenverteilung ist immer die gleiche: Conrad ist der militaristische Hitzkopf, der unbedingt zuschlagen möchte, Berchtold und Franz Ferdinand vertreten die Stimme der Vernunft. Man kennt das mittlerweile schon. Dennoch scheint sich nun, im Oktober 1913, an diesem scheinbar so ewig gleichen Ritual etwas zu verändern. Die Rollen scheinen jetzt auf einmal nicht mehr ganz so klar verteilt zu sein. Die Vorgänge der letzten Tage und Wochen haben offenbar einiges verändert.

Angesichts des aktuellen Vorgehens serbischer Truppen in Albanien stellt sich nun für viele politische Akteure in Wien die Frage, ob Conrad nicht vielleicht doch Recht hat, wenn er darauf beharrt, dass man gegen Serbien letzten Endes nur mit militärischer Gewalt vorgehen könne. Auch dem friedliebenden Berchtold selbst kommen jetzt offenbar gewisse Zweifel. Einen Sieg Serbiens über Albanien und eine Beseitigung Albaniens durch Serbien könnte Österreich-Ungarn jedenfalls unter keinen Umständen hinnehmen, so viel steht fest. Dies wäre schließlich nichts anderes als die vollständige Kapitulation der stolzen k.u.k Monarchie vor dem aufstrebenden slawischen Nachbarn, der sich offenbar vorgenommen hat, den Österreichern ganz gehörig in die Flanke zu fahren. Österreich-Ungarn könnte dann als europäische Großmacht gleich abdanken, hätte es sich doch von den Serben vor aller Welt vorführen lassen und gezeigt, dass es wirklich auch noch den allergeringsten und allerkleinsten Einfluss auf dem Balkan verloren hat. Das alles kommt natürlich überhaupt nicht in Betracht. Natürlich lässt sich die österreichische Politik das nicht bieten. Berchtold weiß, dass er nun mit aller ihm zu Gebote stehenden Deutlichkeit gegen Serbien auftreten muss. Er steht unter enormem Druck – außenpolitisch, aber auch im Innern.

Der österreichische Außenminister ist nicht zu beneiden. Auf diplomatischem Wege kann er nicht viel ausrichten. Das Konzert der europäischen Mächte glänzt mal wieder durch Untätigkeit. Wien möchte, dass das unverschämte Vorgehen der Serben in Albanien aufs Schärfste verurteilt wird. Doch Russland betätigt sich wieder mal als Anwalt der Serben und erklärt, das Vorgehen Serbiens in Albanien sei völlig einwandfrei. Für die Besetzung strategischer Punkte in Albanien habe man vollstes Verständnis. Mehr gibt es dazu offenbar nicht zu sagen. Wien, so ist das wohl nur zu verstehen, soll sich wieder beruhigen und die Dinge so nehmen, wie sie eben sind. Doch Wien beruhigt sich nicht. Es will die Serben endlich raus haben aus Albanien, so wie es im Londoner Frieden vorgesehen ist. Wenn es auf friedlichem Wege nicht geht, dann muss man ihnen eben mit der Sprache der Gewalt kommen. Offenbar verstehen sie nur die. Das heißt ja nicht, dass es auch wirklich zum Äußersten kommen muss. Vermutlich reicht ja die bloße Drohung völlig aus. Wenn tatsächlich ein Krieg zu befürchten steht, so hofft Berchtold, werden die Serben schon einlenken. Es wird sich dann zeigen, dass Österreich-Ungarn eben doch kein so zahnloser Tiger ist, wie es jetzt in der europäischen Öffentlichkeit aussehen mag. Die Serben werden es sich gut überlegen, ob sie sich wirklich mit diesem Gegner anlegen wollen. Letztlich werden sie sicher kneifen. Man muss nur massiv genug drohen und ganz deutlich machen, dass es einem auch wirklich ernst damit ist. Mit der vorsichtigen Diplomatie ist jetzt Schluss. Auch der zurückhaltende Berchtold schlägt nun andere Töne an.

Gleichzeitig wirbt auch Generalstabschef Conrad unverdrossen weiter für seine Position. Auch die Idee einer Angliederung Serbiens an Österreich-Ungarn trägt er weiter vor. Diese Angliederung kann natürlich auch auf ganz friedlich erfolgen. Belgrad bräuchte sich ja nur dafür zu entscheiden, freiwillig der Donaumonarchie beizutreten, schon wäre alles geklärt. Man könnte dann einen neuen Südslawenstaat in das komplexe Staatsgefüge einbauen, der zugleich den Vorteil hätte, dass er den mitunter aufsässigen Ungarn Paroli bieten könnte. Alles wäre perfekt. Die Serben müssten nur wollen. Im Moment aber wollen sie ganz offensichtlich nicht. Ganz im Gegenteil, sie schwelgen im Rausch ihrer neuen nationalen Stärke und sind im Begriff, eine einflussreiche Nation mit eigenem Nationalstaat zu werden. Das letzte, was sie sich jetzt wünschen, ist es wohl, Teil des Wiener Vielvölkerstaates zu werden, der aus ihrer Sicht ebenso wie das Osmanische Reich ein Staat der Vergangenheit ist. Für die weit ausgreifende Zukunftsvision von Generalstabschef Conrad kann sich in Belgrad vermutlich kaum jemand begeistern. Wenn aber die Serben nicht einsichtig sind, so ist Conrad überzeugt, dann bleibt nur der andere Weg. Der Weg, Krieg gegen sie zu führen und sie niederzuringen. Alles andere ist Unsinn. Auf die Diplomaten und Politiker braucht man erst gar nicht zu hoffen. Diplomatie kann den Waffengang nicht ersetzen.

Am 2. Oktober spricht Generalstabschef Conrad mit Kaiser Franz Joseph. Der ist sicherlich kein Kriegstreiber und für die martialischen Redensarten Conrads und der Wiener Kriegspartei normalerweise nicht unbedingt empfänglich. Doch auch er muss wohl die Gefahr für die Donaumonarchie erkennen, die sich aus dem militärischen Vorgehen Serbiens in Albanien ergibt. Einfach von der Hand zu weisen sind die Warnungen vor dem immer stärker werdenden Serbien jedenfalls nicht. Am 10. Oktober spricht Conrad mit Berchtold und erklärt auch ihm noch einmal die Notwendigkeit eines Waffengangs gegen Serbien. Entweder man lässt die einfach Dinge laufen, auch auf die Gefahr hin, zugrunde zu gehen, oder man schlägt los, stellt ein Ultimatum und führt Krieg. Doch der österreichische Außenminister will immer noch keinen Krieg. Aber er will auch keinen Frieden um jeden Preis mehr. Vor allem nicht um den Preis des völligen Scheiterns seiner Politik. Er braucht jetzt dringend einen Erfolg gegen Serbien, und dazu bedarf es einer massiven Drohgebärde gegenüber Belgrad. Wenn die Triple-Entente und das ewig zögerliche Italien dabei nicht mitmachen wollen, dann muss es halt ohne sie gehen. Bedeutsam ist nun vor allem die Frage, wie sich Deutschland verhalten wird. Wenn Wien und Berlin jetzt zusammenhalten, steht man wenigstens nicht ganz alleine da. Unterstützung wäre jetzt wichtig.

Bisher allerdings hat die Berliner Politik kaum je Verständnis für die ablehnende Haltung der Österreicher gegenüber Serbien aufgebracht. Stattdessen versuchen die Deutschen ständig, den Vertretern der k.u.k. Monarchie einzureden, sie müssten ihrem widerspenstigen Nachbarn nur die Hand reichen, dann ließe sich schon ein freundschaftliches Verhältnis entwickeln. Gegenüber der Aggressivität des serbischen Nationalismus ist man offenbar blind. Diese Besserwisserei der Deutschen nervt. Aber nun könnte sich die deutsche Position vielleicht ändern. Zuletzt hatte es jedenfalls ein paar ermutigende Zeichen in dieser Richtung gegeben. Womöglich erinnert sich der österreichische Generalstabschef Conrad jetzt seiner Reise nach Schlesien von Anfang September. Wie war das noch? Was hatte der deutsche Kaiser erwidert, als Conrad gesagt hatte, man hätte noch in diesem Jahr die Gelegenheit gehabt, gegen Serbien vorzugehen? – „Warum ist es nicht geschehen? Es hat sie niemand verhindert!" – Wenn dieses Wort gilt, dann kann sich Berlin jetzt wohl kaum noch verweigern. Zumindest die lästige deutsche Fürsprache zugunsten Serbiens müsste jetzt endlich ein Ende haben.

So ist es tatsächlich. Ungewohnt positive Signale kommen aus Berlin. Das Auswärtige Amt in der Wilhelmstraße sichert moralische Unterstützung zu und erklärt unmissverständlich, das Deutsche Reich stehe fest hinter Österreich-Ungarn. Für Albanien haben sich die Deutschen allerdings noch nie sonderlich interessiert. Aber auch sie haben jetzt offenbar verstanden, wie wichtig die Existenz Albaniens für Österreich-Ungarn ist. Und auch sie erkennen jetzt offenbar, wie rücksichtslos und feindselig sich Serbien gegenüber der Donaumonarchie verhält. Wenn Albanien von der Landkarte verschwände, dann bliebe von den einstigen österreichischen Balkanplänen überhaupt nichts mehr übrig. Die bisherige Großmacht Österreich-Ungarn wäre dann – nicht nur in Südosteuropa, sondern überhaupt auf dem europäischen Parkett – der absoluten Lächerlichkeit preisgegeben. Und auch der Dreibund wäre in Mitleidenschaft gezogen, während Serbien unangemessen stark und mächtig dastehen würde. All dies kann natürlich nicht im Interesse der deutschen Politik sein. Auch in Berlin empfindet man das Verhalten Serbiens mittlerweile zunehmend als bedrohlich und unverschämt. Die Haltung gegenüber Belgrad hat sich deutlich geändert. Wenn Österreich-Ungarn den Serben entgegentreten will, dann wird man in Berlin nun nichts mehr dagegen haben. Ganz im Gegenteil. Das Auswärtige Amt signalisiert Berchtold in Wien, Deutschland werde Österreich-Ungarn definitiv unterstützen, falls es eine deutliche Demarche an Belgrad richten wolle. Berchtold ist sehr erfreut über diese ungewohnt klare Unterstützung aus Deutschland.

Am 18. Oktober ist es schließlich so weit. Der Regierung in Belgrad wird ein österreichisches Ultimatum übergeben, das ihr acht Tage Zeit einräumt, um sich aus Albanien zurückzuziehen. Sollte sich Belgrad aber verweigern, dann würden nach Ablauf dieser Frist die Waffen sprechen. Krieg liegt plötzlich in der Luft. Russland und Frankreich sind empört über das schroffe Vorgehen Österreich-Ungarns. Sie halten das Ultimatum für völlig unangemessen und überzogen. Die Gewaltandrohung der Wiener Regierung stößt ihnen sehr übel auf. Gerne würden sie sich deutlich auf die Seite Serbiens stellen. Ihr Verbündeter Großbritannien allerdings, der ebenfalls erhebliche Bedenken gegen diese Kriegsdrohung hat, lässt durchblicken, dass man in London durchaus auch ein gewisses Verständnis für die österreichische Position aufbringen könne. Dass die Serben die von der Londoner Konferenz festgelegte Grenze zwischen Serbien und Albanien so unbeirrt und konsequent ignorieren – obwohl sie offiziell ständig das Gegenteil behaupten –, geht auch den Briten mittlerweile gehörig gegen den Strich. Ihre heimliche Sympathie für die Haltung der Österreicher bekunden sie zwar nur dezent – zumal ihnen das Säbelgerassel aus Wien absolut nicht gefällt –, aber sie wird doch erkennbar. Damit aber hat Belgrad kaum noch eine Chance, das diplomatische Tauziehen zu seinen Gunsten zu entscheiden. Und die Wiener Regierung lässt absolut keinen Zweifel daran, dass sie die Gewaltandrohung gegen Serbien dieses Mal vollkommen ernst meint.

Gerade diese neue Entschlossenheit der Österreicher ist es auch, die Wilhelm II. endgültig davon überzeugt, die Wiener

Politik entschieden zu unterstützen. Schon die deutlichen Worte des österreichischen Generalstabschefs Conrad in Schlesien von Anfang September hatten nachhaltigen Eindruck auf ihn gemacht. Jetzt goutiert er es auch, dass die Wiener Regierung nicht mehr nur rumlamentiert, sondern tatsächlich eisenharte Konsequenzen androht, falls man sich weiterhin ihren Forderungen widersetzt. Schneidiges Auftreten hat dem deutschen Kaiser schon immer imponiert. Dementsprechend gefällt ihm jetzt auch das Wiener Ultimatum. Doch Wilhelm hat nicht nur seine frühere positive Sicht auf Serbien völlig aufgegeben. In seinem Elan, der unbotmäßigen Regierung in Belgrad Paroli zu bieten, will er die Österreicher nun offenbar – wahrlich nicht untypisch für die aufbrausende Mentalität und Wechselhaftigkeit des deutschen Kaisers – noch überbieten. „Es muß mal da unten Ordnung und Ruhe geschafft werden!" schreibt er in einer seiner berüchtigten Randbemerkungen. Das klingt nicht gerade nach einer friedlichen Lösung. Eher klingt es so, als würde Wilhelm den Österreichern am liebsten einen Freibrief ausstellen, in Serbien zu tun und zu lassen, was sie für richtig halten, um dort einmal in aller Gründlichkeit aufräumen zu können. Der deutsche Friedenskaiser ist jetzt so auf Krawall gebürstet, dass er es gar nicht mehr so schlecht fände, wenn Serbien das österreichische Ultimatum einfach unbeachtet verstreichen lassen würde. Dann würde man halt ein großes Donnerwetter über Belgrad hereinbrechen lassen und den Serben einmal zeigen, wer der Stärkere auf dem Balkan ist. Vielleicht wäre das sogar das Beste: Ordnung und Ruhe schaffen da unten!

Aufgrund der eisernen Entschlossenheit Österreich-Ungarns und Deutschlands schließt sich nun auch das sonst so zögerliche Italien dem österreichischen Ultimatum an. Damit steht der Dreibund geschlossen gegen Serbien, während die Triple-Entente weiter schwächelt. Eine Konstellation ist entstanden, die sich der deutsche Kaiser schon seit langem gewünscht hat: der Dreibund ist stabil, die Triple-Entente uneinig, und Großbritannien geht zumindest mit halbem Herzen mit dem Dreibund. Besser geht es kaum! Das österreichische Ultimatum ist ein voller Erfolg. Belgrad ist international isoliert und kann dem Druck kaum noch standhalten. Über Europa schwebt nun die Frage, ob es tatsächlich zur bewaffneten Auseinandersetzung zwischen Serbien und Österreich-Ungarn kommen wird, oder sich der Konflikt vielleicht doch noch abwenden lässt. Die Situation ist äußerst angespannt. In einem Gespräch mit dem österreichischen Generalstabschef Franz Conrad von Hötzendorf am 18. Oktober, dem ersten Tag des österreichischen Ultimatums, sagt Kaiser Wilhelm in Leipzig: „Ich war stets ein Anhänger des Friedens; aber das hat seine Grenzen. Ich habe viel über den Krieg gelesen und weiß, was er bedeutet, aber endlich kommt die Lage, in der eine Großmacht nicht länger zusehen kann, sondern zum Schwert greifen muß.“

Doch so weit kommt es nicht. Angesichts der aussichtslosen Situation auf dem internationalen Parkett gibt sich die Regierung in Belgrad geschlagen. Sie beugt sich dem Ultimatum der Österreicher und zieht ihre Truppen aus Albanien zurück. Der Konflikt ist zu Ende. Österreich-Ungarn geht als Sieger vom Platz. Und mit ihm auch der Dreibund.

Das Ganze hinterlässt einen verwirrenden Eindruck. Der Krieg ist abgewendet, gewiss. Aber die Lehre, die aus diesem Vorgang zu ziehen ist, kann aus Sicht des Dreibunds doch ganz offensichtlich nur eine sein: Gewaltandrohung lohnt sich. Was sich mit umfangreichen diplomatischen Bemühungen, langen Verhandlungen und anstrengenden Gesprächen nicht erreichen lässt, das gelingt mit militärischer Einschüchterung und etwas Säbelrasseln im Handumdrehen. Scheinbar entschlossene Gegner, die einem das Leben unnötig schwer machen, kuschen mit einem Male, wenn man ihnen nur energisch genug mit der Waffe droht. Lange ungelöste Probleme lassen sich mit einem Schlag aus der Welt schaffen. Ja, es besteht kein Zweifel an der Lehre aus diesem Oktober 1913: diejenigen in Berlin und in Wien, die schon seit langem behaupteten, die Militärs würden es eher verstehen, den Dreibundstaaten Einfluss, Macht und Respekt zu verschaffen, als all die vielen Diplomaten und Politiker zusammengenommen, haben eindeutig recht erhalten. Wo die Diplomatie versagt, hilft offenbar nur noch die Sprache der Gewalt. Wer sie allerdings spricht – und auch dies ist eine Lehre dieses Oktobers – der muss im Ernstfalle auch fest entschlossen und bereit sein, Gewalt anzuwenden. Sonst wird das Schwert der Einschüchterung sofort stumpf, und an die Stelle des ersehnten Triumphes tritt die Lächerlichkeit. Die Drohung mit der Waffe muss also ernst gemeint sein.

Für Wilhelm II. gibt es unterdessen noch eine weitere wichtige Lehre aus den aktuellen Erfahrungen mit Serbien und den europäischen Großmächten, die er sich ebenfalls gut merken wird: Das unbedingte Vertrauen, das er während der Krise in die Politik Österreich-Ungarns gesetzt hat, war richtig und hat sich auf alle Fälle ausgezahlt. Die österreichische Balkanpolitik hat Deutschland nicht wie befürchtet in eine außenpolitische Niederlage und Blamage hineingezogen, sondern zu einem großen internationalen Erfolg geführt. Die Rückendeckung aus Berlin hat die Wiener Position dabei deutlich gestärkt und den Respekt der Staatengemeinschaft vor der Großmacht Österreich-Ungarn offenkundig wiederhergestellt. Auch der Dreibund wurde dabei offensichtlich gestärkt, denn Italien wurde von seinem zögerlichen Kurs abgebracht und enger an seine beiden Bündnispartner herangezogen, während die Triple-Entente aus Russland, Großbritannien und Frankreich unentschlossen blieb. All dies ist ein großer Triumph, an den man künftig unbedingt anknüpfen muss. Die enge und vertrauensvolle Zusammenarbeit zwischen Wien und Berlin verbunden mit der Androhung von Gewalt ist offenbar ein echtes Erfolgsrezept.

Die Konsequenzen aus all diesen Lehren vom Oktober 1913 werden sich bald zeigen. Es ist kein Zufall, dass sich im Zuge der internationalen Krise vom Juli 1914 einige Abläufe dieser Oktoberwochen scheinbar detailgetreu wiederholen werden. Wer sich mit den Vorgängen vom Oktober 1913 und denen vom Juli 1914 beschäftigt, wird in der Tat einige Déjà-vus erleben. Wieder wird es eine internationale Krise um Österreich-Ungarn und Serbien geben. Wieder wird die europäische Diplomatie scheitern und werden die Kriegsbefürworter und Militaristen scheinbar die besseren Antworten auf die Herausforderungen der Krise haben. Wieder wird es ein österreichisches Ultimatum gegen Serbien geben. Wieder wird der deutsche Kaiser der Wiener Politik uneingeschränkt folgen und ihr einen Blankocheck für ein militärisches Vorgehen auf dem Balkan ausstellen. Und wieder wird Wilhelm II., der doch so stolz ist auf die über 25 Jahre Frieden, die die Deutschen unter seiner Herrschaft erleben durften, seinem politischen Umfeld signalisieren, dass ein kurzer siegreicher Waffengang, der zu klaren politischen Verhältnissen führt, aus seiner Sicht deutlich besser ist als ein fauler Kompromiss im Frieden. Vieles wird sich also wiederholen. Aber nicht alles. Manches wird sich auch im Juli 1914 ganz anders abspielen als in diesem Oktober 1913. Italien wird sich seinen beiden Bündnispartnern nicht wieder anschließen, sondern diesmal im Abseits bleiben. Der Dreibund wird also nicht wieder geschlossen in den Konflikt hineingehen, sondern gespalten. Stattdessen wird die Triple-Entente diesmal geschlossen dastehen. Serbien wiederum wird sich nicht noch einmal einem österreichischen Ultimatum beugen, sondern die Wiener Forderungen, die dann sehr viel weiter gehen werden und die serbische Souveränität infrage stellen, entschieden zurückweisen. Die Gewaltandrohung gegen Serbien wird diesmal also nicht zum Ziel führen, und aus der Androhung von Gewalt wird dann tatsächlich ein Griff zu den Waffen werden. Aus all dem wird sich im Sommer 1914 ein furchtbarer Weltenbrand entwickeln, mit dem verglichen alle Konflikte und

Probleme auf dem Balkan, die ihn ausgelöst haben, nur noch kleinlich und lächerlich wirken, und der letzten Endes die alte Ordnung hinwegfegen wird. Das zaristische Russland, das deutsche Kaiserreich, der Vielvölkerstaat Österreich-Ungarn – nichts von alledem wird diesen Sturm überstehen.

Die Runde vom Oktober 1913 geht aber erst einmal an den Dreibund.

Im Reichsmarineamt arbeitet Staatssekretär Alfred von Tirpitz noch immer eifrig am Ausbau der deutschen Hochseeflotte. Seit 16 Jahren ist er nun schon damit beschäftigt. Seitdem hat sich vieles getan. Die deutsche Kriegsflotte ist erheblich gewachsen. Doch nicht nur die Flotte insgesamt, auch die Schiffe selbst sind immer größer geworden. Als von Tirpitz 1897 sein Amt als Staatssekretär im Reichsmarineamt antrat, hatten die neuesten Kriegsschiffe der Kaiserlichen Marine wie etwa die SMS Kaiser Friedrich III. eine Länge von ungefähr 125 Metern und eine Verdrängung von etwa 11.000 Tonnen aufzubieten gehabt. Jetzt werden mittlerweile riesige Schlachtschiffe wie die SMS Kaiserin mit einer Länge von ungefähr 170 Metern und einer Verdrängung von etwa 25.000 Tonnen in Dienst gestellt. Auch bei Bewaffnung, Panzerung und Schiffsantrieb hat es große Fortschritte gegeben. Mit immer größerem Kaliber wird auf potentielle Kriegsgegner gezielt, immer mehr Kanonen richten sich auf einen möglichen Feind. Die neuesten Schlachtschiffe verfügen sogar über einen Turbinenantrieb und Ölzusatzfeuerung. Mit einigem Stolz blickt von Tirpitz auf diese Entwicklung der letzten 16 Jahre zurück. Er kann dabei voll auf die persönliche Rückendeckung des Kaisers setzen, der selbst der größte Anhänger und Förderer des Flottenbaus ist. Ohne die Unterstützung Wilhelms II. hätte es von Tirpitz niemals so weit bringen können.

Und dennoch: Sein Hauptziel hat der Großadmiral in all diesen Jahren und trotz all dieser Anstrengungen noch immer nicht erreicht. Es besteht darin, die Royal Navy derart einzuschüchtern, dass ihr ein Angriff auf die deutsche Marine undenkbar erscheinen muss. Risikogedanke nennt von Tirpitz dies. Dabei gibt er sich keineswegs der Illusion hin, die deutsche Marine so stark machen zu können, dass sie die britische letzten Endes überragt. Dies wäre selbst dem ambitionierten von Tirpitz zu ambitioniert. Der britische Vorsprung ist viel zu groß. Nicht einmal Gleichstand wird vom Großadmiral angestrebt. Aber die deutsche Marine soll so stark werden, dass ein Angriff auf sie für die Royal Navy mit einem so hohen Risiko verbunden wäre, dass er für London schlicht nicht in Betracht kommt. Dazu muss sie, so glaubt von Tirpitz, etwa 2/3 der britischen Größe erlangen. Dass es sehr lange dauern würde, bis dieses Ziel erreicht werden kann, war dem Großadmiral von Anfang an klar. Zwanzig Jahre hatte er ursprünglich dafür veranschlagt. Die sind 1913 noch nicht um. Dennoch fragen sich Beobachter im politischen Berlin mittlerweile, ob von Tirpitz diesem Ziel in den letzten 16 Jahren überhaupt näher gekommen ist, und ob er es jemals erreichen wird.

Gewiss, die Aufrüstung der deutschen Hochseeflotte wird von den Briten sehr ernst genommen und hat ihnen offenbar erst einmal einen gehörigen Schrecken eingejagt. Das beweist zumindest, dass der deutsche Flottenbau nicht völlig wirkungslos ist. Doch dieses Erschrecken der Briten kam viel zu früh und hatte einen sehr unangenehmen und absolut unerwünschten Nebeneffekt: die Briten haben die Gefahr nun erkannt, die ihnen in Deutschland heranwächst, sie halten sich aber keineswegs ängstlich zurück, wie man sich das im deutschen Marineamt möglicherweise gern wünschen mag, sondern treiben nun ihrerseits die Flottenaufrüstung voran. Und sie tun dies mit gewaltiger Anstrengung. Dem deutschen Bestreben, 2/3 der britischen Schlachtflottengröße zu erreichen, setzen sie ihre Two-Power-Standard-Maxime von 1889 entgegen, die besagt, dass die britische Flotte mindestens so groß werden muss wie die beiden Flotten der zweit- und der drittgrößten Seemacht zusammen. Würden sie dieses Ziel tatsächlich erreichen, wäre der Tirpitzschen Planung ein dicker Strich durch die Rechnung gemacht. Nun muss von Tirpitz wiederum reagieren und seinerseits eine noch viel schnellere und intensivere Aufrüstung betreiben, will er sein hoch gestecktes Ziel gegenüber Großbritannien nicht sofort wieder aufgeben.

Ein gewaltiges deutsch-britisches Wettrüsten hat begonnen, und es hält nun, im Jahr 1913, schon seit etlichen Jahren an. Die Aussichten für die Deutschen sind dabei allerdings keinesfalls gut. Und auch die großen technischen Fortschritte im Flottenbau der letzten Jahre gehen zu nicht unbeträchtlichem Teil auf die Royal Navy zurück. Nicht die Deutschen, sondern die Briten waren es, die 1906 mit der Fertigstellung der HMS Dreadnought den Flottenbau revolutionierten. Die Dreadnought hat nur noch großkalibrige Kanonen an Bord, alle vom gleichen Kaliber und mit sehr hoher Reichweite. Sie ist größer und schwerer als die herkömmlichen Schlachtschiffe, und ihre fünf Geschütztürme mit Doppelartillerie sind so angeordnete, dass jeweils acht der gewaltigen Kanonen an Bord auf ein gemeinsames Ziel feuern können. Auf die vergleichsweise ineffektive Mittelartillerie wurde dagegen verzichtet. Mit dieser originellen Neukonstruktion haben die Briten Maßstäbe gesetzt. Mit dem Auftauchen der Dreadnought sehen alle früheren Schlachtschiffe mit einem Schlag buchstäblich alt aus. Von Tirpitz muss seine Flottenbaupläne erst einmal ad acta legen und völlig neu planen: auch die deutsche Marine braucht nun unbedingt Schiffe wie die Dreadnought! Die sind allerdings ungefähr dreimal so teuer wie die zuvor gebauten und im Rahmen des bestehenden Rüstungsetats einfach nicht zu finanzieren. Also muss von Tirpitz etwas tun, was er eigentlich vermeiden wollte: er muss sich 1906 erneut an den Reichstag wenden und um eine kräftige Erhöhung des Flottenbauetats bitten.

Sechs Jahre zuvor war dieser Gang schon einmal nötig geworden, als sich das erste Flottenbaugesetz von 1898 schnell als viel zu bescheiden für die Tirpitzschen Ziele erwiesen hatte und ihm nach nur zwei Jahren das zweite gefolgt war, das den Umfang der zu bauenden Flotte kurzerhand verdoppelte. Damals, im Jahr 1900, war offenkundig geworden, dass die Flottenbaupolitik des Großadmirals durchaus offensiv angelegt war und keineswegs nur auf Verteidigung ausgerichtet, wie dies 1898 noch behauptet worden war. Dies aber hatte letztlich nichts an der Bereitschaft der Abgeordneten geändert, dem Tirpitzschen Kurs zu folgen und seinen weitreichenden Vorschlägen zuzustimmen. Ohne viel Murren hatte der Reichstag sowohl 1898 als auch 1900 die Flottenbaugesetze verabschiedet – trotz der erheblichen finanziellen Belastungen, die mit ihnen verbunden waren. Bei der Verabschiedung des zweiten Flottenbaugesetzes hatte von Tirpitz geglaubt, die Finanzierung des Flottenbaus sei damit nun endgültig unter Dach und Fach, denn seine Vorlage hatte trickreicherweise eine sehr generelle Ermächtigung vorgesehen, so dass für die Finanzierung der einzelnen Schiffe sowie für die Finanzierung von Ersatzbauten für ausrangierte alte Schiffe eine erneute Zustimmung des Reichstags nicht mehr erforderlich war. Das Parlament hatte sich selbst auf viele Jahre fest gebunden.

Das Auftauchen der Dreadnought jedoch hatte dann, 1906, alles durcheinandergebracht und für von Tirpitz einen weiteren Bittgang zum Reichstag nötig gemacht. Auch diesmal jedoch zeigten sich die Abgeordneten letztlich folgsam und stimmten der Freigabe weiterer gewaltiger Summen für den Flottenbau bereitwillig zu. Und nicht nur der Flottenbau selbst, sondern auch der mit den Großkampfschiffen zwingend notwendig gewordene massive Ausbau des Kaiser-Wilhelm-Kanals, der ebenfalls Unsummen verschlang, wurde ohne großen Widerstand abgesegnet. Die ungeheure Propagandamaschine, die von Tirpitz vom Reichsmarineamt aus in Gang gesetzt hatte, hatte ihre Wirkung gezeigt: die kaiserliche Marine und der Flottenbau waren bei den Deutschen mittlerweile so populär, dass es keiner Partei in den Sinn kam, sich dieser Politik entschieden entgegenzustellen. Selbst die SPD, die das seltsame Eigenleben der kaiserlichen Flottenbaupolitik und die Willfährigkeit des Parlaments mit großer Sorge betrachtete und zusammen mit den Freisinnigen gegen die Flottenbaugesetze gestimmt hatte, sprach sich nicht grundsätzlich gegen den Flottenbau aus. Trotzdem wurde ihr vaterlandslose Gesinnung vorgeworfen, und nachdem sie im Januar 1907 bei der vom Kolonialkrieg in Deutsch-Südwestafrika überschatteten Hottentottenwahl von einer nationalistisch aufgewühlten Wählerschaft abgestraft worden war, trat von Tirpitz 1908 abermals an den Reichstag heran, um Zustimmung zu einer weiteren Beschleunigung des Flottenbaus zu erlangen. Vier Großkampfschiffe pro Jahr sollten nun gebaut werden — eine gewaltige industrielle Anstrengung und eine enorme finanzielle Belastung. Die Rüstungsspirale hatte den deutschen Flottenbau in verhältnismäßig kurzer Zeit von relativ bescheidenen Anfängen in schwindelerregende Höhen getrieben.

Seit seinem Amtsantritt 1897 hat der Staatssekretär im Reichsmarineamt zweifellos Beachtliches geleistet. Doch trotz der ungeheuerlichen Erfolge, die von Tirpitz bei der politischen Legitimation und Durchsetzung immer gewaltigerer Rüstungsanstrengungen erzielt hat, sind die entschiedensten und entscheidenden Verfechter der massiven

Aufrüstung der deutschen Marine, allen voran der Kaiser höchst selbst, mit seiner Leistung noch längst nicht zufrieden. Tempo und Ausmaß des Ganzen reichen ihnen noch immer nicht aus. Sie wollen noch mehr. Wilhelm II. ist also nicht nur der engste Verbündete des Großadmirals beim Flottenbau, sondern zugleich auch einer seiner gestrengsten Kritiker. Der Übergang zum Vierertempo beim Flottenbau von 1908 geht schon nicht mehr auf von Tirpitz selbst, sondern vor allem auf das Drängen des ungeduldigen Monarchen zurück. Und obwohl die Flottenbaunovelle von 1908 dem Reich nun schon wirklich sehr schwere technische und finanzielle Belastungen aufgebürdet hat, denkt der Kaiser schon drei Jahre später über eine weitere Beschleunigung des Flottenbaus nach. Von Tirpitz arbeitet eine weitere Vorlage aus und streitet in Berlin für noch mehr Schiffe. Doch langsam werden die Widerstände größer.

Fatal für von Tirpitz ist, dass trotz dieser langjährigen Arbeit und seiner vielen Erfolge die Kritiker seiner Politik in gewisser Weise recht haben: all die Rüstungsanstrengungen, die der Großadmiral in den vergangenen 16 Jahren betrieben hat, reichen nicht aus, um sein Ziel gegenüber der Royal Navy auch tatsächlich zu erreichen. Von einer Einschüchterung Großbritanniens durch die deutsche Hochseeflotte kann noch immer überhaupt keine Rede sein. Ganz im Gegenteil: die Briten parieren jeden Schritt der Tirpitzschen Rüstung mit noch umfassenderer Gegenrüstung. Der Wettlauf zwischen London und Berlin geht immer weiter, bis den Deutschen die Luft ausgeht. Auf den deutschen Beschluss

zur Produktion von vier Großkampfschiffen pro Jahr hatten
die Briten 1909 mit dem Beschluss zur Produktion von acht
Großkampfschiffen pro Jahr reagiert. Diesem Bautempo
sind die Deutschen einfach nicht mehr gewachsen. Sie können den Briten nichts mehr entgegensetzen. Das Reichsmarineamt baut immer noch weiter an seiner Flotte, aber
eigentlich sind die Deutschen im Jahr 1913 schon aus dem
Rennen. Sie müssen es sich nur noch selbst eingestehen.
Das aber ist vermutlich das Schwerste am Scheitern der
eigenen Politik.

Dabei hätte es nach den Tirptzschen Prämissen eigentlich
gar nicht erst zum deutsch-britischen Wettrüsten kommen
dürfen. Natürlich sollten die Briten erschrocken sein von
der Gewalt und Macht der deutschen Flotte. Das war ja das
eigentliche Ziel der ganzen Übung. Aber sie sollten es doch
erst sein, wenn diese Flotte fertiggestellt und es für das
perfide Albion zu spät sein würde, sich ihr durch eigene
Rüstung entgegenzustellen. Solange sie noch im Bau ist,
sollen die Briten natürlich in Sicherheit gewiegt und über
die Entstehung einer großen deutschen Streitmacht zur See
in Unkenntnis gehalten werden. Gefahrenzone nennt von
Tirpitz diese Phase, in der die deutsche Flotte zwar schon
im Bau, aber noch nicht fertiggestellt ist, und in der sie auf
gar keinen Fall mit der Royal Navy aneinandergeraten darf,
weil sie für einen Kampf noch viel zu schwach wäre. In dieser Phase dürfen die Briten nichts mitbekommen von dem,
was sich in den deutschen Planungsbüros, auf den Werften
und an den Flottenstützpunkten tut. Man muss sie einlul-

len, sie freundlich anlächeln und behaupten, alle Maßnahmen der deutschen Marine seien rein defensiver Natur.

Realistisch war diese Vorstellung des Großadmirals von Anfang an nicht. Immerhin hatte er einen Zeitraum von zwanzig Jahren für den Aufbau der deutschen Hochseeflotte veranschlagt. Dass man über einen solch langen Zeitraum eine solch intensive Bautätigkeit vor den Briten geheim halten könnte, war von Anfang an eine Illusion. Wie blind und taub soll denn die Royal Navy eigentlich sein, um von all dem, was da in Deutschland geplant und gebaut wird, nichts mitzubekommen? Und selbst wenn man in London tatsächlich nichts mitbekommen hätte, hätte doch spätestens der deutsche Kaiser, der bei jeder passenden und unpassenden Gelegenheit prahlerisch und mit stolzgeschwellter Brust von seiner stetig wachsenden Kriegsflotte spricht, die englischen Vettern wachrütteln müssen. Doch nicht mal der Angeberei Wilhelms II. hätte es bedurft, um die Briten über die Vorgänge in der deutschen Marine in Kenntnis zu setzen. Schließlich ist es von Tirpitz selbst, der mit seinem Reichsmarineamt und dem von ihm initiierten Deutschen Flottenverein eine so gewaltige Propagandawelle im Reich entfacht hat, dass sich jetzt selbst im kleinsten Winkel des Reiches begeisterte Anhänger und Unterstützer seiner Flottenbaupolitik finden. Gewiss, diese Propaganda ist auf die deutsche Innenpolitik und nicht auf das Ausland ausgerichtet. Aber es ist doch völlig undenkbar, dass man in London von dieser permanenten Dauerreklame für die Hochrüstung zur See nichts mitbekommt. Und so sehr man in Berlin auch darauf insistiert, dass die gesamte Flottenbaupolitik des Reiches nur rein defensiv zu betrachten und auf gar keinen Fall als gegen Großbritannien gerichtet zu verstehen sei, so ist doch zugleich auch ganz unverkennbar, dass die ganze Flottenbaupropaganda, mit der von Tirpitz die Deutschen trotz der immer höher steigenden immensen Baukosten bei Laune zu halten gedenkt, eine deutlich antibritische Stoßrichtung aufweist.

Die Haltung, die von Tirpitz gegenüber Großbritannien einnimmt, war von Anfang an reichlich abstrus. Was erwartet sich der Großadmiral denn eigentlich von den Briten? Eine unüberbrückbare Feindschaft mit London ist es ja nicht, was er anstrebt. Ganz im Gegenteil, der Flottenbau hatte ja eigentlich dazu führen sollen – so war es jedenfalls der ursprüngliche Plan des späteren Großadmirals, als er 1897 sein Amt als Staatssekretär im Reichsmarineamt antrat –, dass man in England nicht mehr auf die als Seemacht so gänzlich unbedeutenden Deutschen herabsieht, sondern sie künftig als mehr oder weniger ebenbürtige Nachbarn betrachtet, denen man auf Augenhöhe zu begegnen hat, und die sogar als Bündnispartner zur See in Betracht kommen. Eine solche Partnerschaft würden sich die Deutschen dann natürlich von den Briten auch recht ordentlich bezahlen lassen, und Großbritannien würde seine Weltmachtstellung und seine vielzähligen und weit gestreuten Kolonien fortan mit Deutschland teilen müssen.

Eine merkwürdige Strategie ist das, die von Tirpitz da Großbritannien gegenüber einschlägt. Aber sie ist irgendwie typisch für das ambivalente und gleichermaßen von Neid und Bewunderung geprägte Verhältnis der deutschen Elite gegenüber den Briten. Sie erinnert auch stark an das Verhalten des deutschen Kaisers höchst selbst, dessen Haltung gegenüber Großbritannien gleichsam von Minderwertigkeitskomplexen und Überheblichkeit geprägt ist. Es ist eine Strategie, die den Briten gewissermaßen zuerst auf den Kopf schlagen will, um sich ihnen dann als Freund anzudienen. Zuerst will man die besondere Machtstellung der Briten aus der Welt schaffen, dann ihnen ein Bündnis anbieten. Die Briten aber wollen sich keineswegs auf den Kopf schlagen lassen, und können sich durchaus bessere Freunde vorstellen als die stets anmaßend auftretenden Deutschen. 1904 schließen sie sich mit Frankreich zur Entente cordiale zusammen, der sich 1907 auch Russland anschließt, sodass die Triple-Entente entsteht. Damit ist Deutschland außenpolitisch umklammert und der Tirpitzsche Plan eigentlich schon gescheitert, will man sich nicht wie Kaiser Wilhelm an die vage Hoffnung klammern, dass die Briten früher oder später die Triple-Allianz doch noch wieder verlassen und ein Bündnis mit den Deutschen eingehen werden. Doch genau an diese Hoffnung klammert man sich, und es bleibt einem nach Lage der Dinge auch nicht viel anderes übrig.

Mit der Gründung der Triple-Entente aus Großbritannien, Frankreich und Russland ist für Deutschland tatsächlich eine sehr unangenehme Situation entstanden. In Europa stehen sich nun zwei unterschiedliche Bündnissysteme in Form von Triple-Entente und Dreibund gegenüber, und Deutschlands Lage zwischen Frankreich und Russland ist dabei alles andere als komfortabel. Beide Bündnisse können offenbar nur sehr bedingt miteinander kooperieren, wie gerade die jüngste Entwicklung während der Balkankriege wieder gezeigt hat. Ganz überwiegend steht man sich feindschaftlich gegenüber. Sogar ein baldiger Krieg zwischen beiden Bündnissen scheint im Bereich des Möglichen zu sein. Wie sollen die Verantwortlichen in Berlin mit dieser Situation umgehen? Wie sollen sie sich gegenüber den Staaten der Triple-Entente verhalten? Das Verhältnis zu Frankreich und Russland ist schon lange belastet und ein reichlich vermintes Gelände – wobei der Umgang mit Frankreich angesichts der jüngsten deutsch-französischen Geschichte noch sehr viel schwieriger ist als der mit Russland, zu dem es immerhin enge dynastische Verbindungen gibt, und das im 19. Jahrhundert lange ein Verbündeter Preußens in der Heiligen Allianz war. Im Verhältnis zu Großbritannien jedoch, das man sich ja eigentlich schon lange als einen neuen Bündnispartner wünscht, und zu dem ebenfalls enge dynastische Beziehungen bestehen, ohne dass es besondere historische Belastungen gäbe, sollten die Dinge doch eigentlich sehr viel günstiger liegen. Hier müsste eine Verständigung doch einfach möglich sein! So kann man in Deutschland zumindest hoffen.

Darüber wie man mit Großbritannien umgehen soll, gehen die Meinungen in Berlin auseinander. Die deutsche Politik laviert zwischen Freundlichkeiten und Drohgebärden, Zuckerbrot und Peitsche. Niemand verkörpert die Ambivalenz gegenüber den Briten so sehr wie der deutsche Kaiser höchst selbst. Säbelrasseln und Worte tiefster Verbundenheit wechseln sich ab. Auch von Tirpitz scheint irgendwie zwischen Baum und Borke zu stehen, wenn auch auf seine ganz eigene Art. Ein Englandfreund ist er ganz sicher nicht und kann es angesichts seiner Tätigkeit auch gar nicht sein. Die vielen Jahre der Agitation für die deutsche Flottenrüstung mit ihrer klar antibritischen Stoßrichtung haben ihn ganz eindeutig dem antibritischen Lager zugeordnet. Deswegen ist ihm der Reichskanzler mit seinen ständigen probritischen Avancen auch reichlich suspekt. Die Versuche Bethmann Hollwegs aus dem Vorjahr, gegen den Willen des Großadmirals eine deutsch-britische Verständigung herbeizuführen, und dafür auch eine Drosselung der deutschen Flottenrüstung zu akzeptieren, hat von Tirpitz natürlich nicht vergessen. Der Kanzler und alle anderen Englandfreunde bleiben seine entschiedenen Gegner. Aber ins Lager der absoluten Scharfmacher gehört der Großadmiral eben auch nicht. Sicher mag er ein Militarist sein, und gewiss drehte sich in den ganzen 16 Jahren seiner bisherigen Tätigkeit alles um Rüstung, militärische Stärke, Bedrohung und Einschüchterung. Ein echter Kriegstreiber aber ist er nicht, auch wenn er mit seiner Flottenrüstung das deutschbritische Verhältnis an einen gefährlichen Tiefpunkt gebracht hat.

Es mag erstaunen, aber dieser so maßlose und scheinbar unaufhaltsame Schlachtschiffslobbyist ist ein Gegner des Krieges, zumindest eines baldigen Krieges, und das hat durchaus seinen Grund. Noch befindet sich die deutsche Flotte ja in der Gefahrenzone, wie von Tirpitz sie nennt, in jener Phase also, in der die Flotte noch nicht stark genug ist, um den Kampf mit der Royal Navy zu wagen, und in der auch der Ausbau des Kaiser-Wilhelm-Kanals noch nicht abgeschlossen ist. In dieser Phase muss unbedingt verhindert werden, dass London zum Schlag ausholt. Die historische Erinnerung an die beiden Angriffe der Briten auf die dänische Flotte in Kopenhagen in den Jahren 1801 und 1807 liegt wie ein Trauma über der Kaiserlichen Marine. In zwei Präventivschlägen hatte Großbritannien damals die friedlich im Hafen liegende dänische Flotte zerstört, um eine mögliche künftige Gefahr für das Inselreich abzuwehren. Das, so fürchtet man in der Kaiserlichen Marine, könnte früher oder später auch der neuen deutschen Hochseeflotte blühen. Tatsächlich gibt es in London Stimmen, die einen Präventivschlag gegen die Deutschen fordern, um ihre Flotte zu „kopenhagisieren". Völlig aus der Luft gegriffen ist die Sorge also nicht. Ein vorzeitiger deutsch-britischer Schlagabtausch ist aber so ziemlich das Letzte, was von Tirpitz gebrauchen kann. Das, was er sich in den letzten 16 Jahren mühevoll und unter unglaublichen Anstrengungen aufgebaut hat, würde dann vermutlich innerhalb kürzester Zeit zerstört werden. Eine entsetzliche Vorstellung für den Großadmiral! Er will zwar Rüstung um jeden Preis, aber keinen Krieg. Zumindest nicht, solange seine Flotte noch nicht fertiggebaut ist. Und das wird noch Jahre dauern.

Aber steht diese Zeit überhaupt noch zur Verfügung? Wird sich der Krieg wirklich noch um Jahre aufhalten lassen, nachdem er in den letzten Monaten schon so oft vor der Tür zu stehen schien? Immer mehr Zweifel machen sich breit. Auch von Tirpitz selbst glaubt immer weniger daran.

Das Verhältnis zwischen Russland und Österreich-Ungarn ist wegen der Lage auf dem Balkan mittlerweile so angespannt, dass es immer mehr so aussieht, als könne es wegen dieses erbitterten Konflikts tatsächlich in allernächster Zeit zum ganz großen Knall kommen. Wenn das aber passieren sollte, was nützen dann eigentlich die ganzen neuen Schlachtschiffe in Wilhelmshafen? Helfen sie überhaupt in einem Krieg, wie er sich dann vermutlich entwickeln würde? Wären dann nicht gut ausgebildete und gut ausgerüstete Landstreitkräfte sehr viel nützlicher? Fragen über Fragen, die auf den Großadmiral einprasseln. Sie sind nicht neu, aber sie kommen in letzter Zeit mit neuer Wucht auf ihn zu. Schon lange hat von Tirpitz seine größten Kritiker nicht mehr nur unter den Friedensaposteln in der Sozialdemokratie, sondern vor allem auch in der eigenen Armee und in der Reichsleitung. Bisher haben sie ihm kaum etwas anhaben können, da der Kaiser voll und ganz hinter dem Flottenbau steht. Doch jetzt scheint sich daran etwas zu ändern.

Dass die Landstreitkräfte so lange zugunsten der Flotte vernachlässigt wurden, hat im Heer einigen Unmut aufkommen lassen. Das liefert den Gegnern der fortwährenden Flottenrüstung ein willkommenes Argument, um der Tirpitzschen Politik jetzt endlich Einhalt zu gebieten. Als Kaiser Wilhelm und von Tirpitz 1911 eine weitere Beschleunigung des Flottenbaus forcieren wollen, setzt sich der Reichskanzler massiv für eine Vermehrung des Heeres ein. Auf diese Weise hintertreibt Bethmann Hollweg die Pläne von Kaiser und Staatssekretär, denn aufgrund der hohen

Kosten, die bei die Vergrößerung der Landstreitkräfte entstehen, muss die Flottenvermehrung nun deutlich kleiner
ausfallen als eigentlich von beiden beabsichtigt. Zwar
kommt im Mai 1912 abermals eine Flottennovelle durch
den Reichstag, aber sie steht diesmal deutlich im Schatten
einer ebenfalls vom Reichstag verabschiedeten Heeresvermehrung, die die Landstreitkräfte nun endlich verstärken
und modernisieren soll. Im März 1913 wiederholt Bethmann Hollweg diese erfolgreiche Strategie, mit der er offenbar endlich ein geeignetes Mittel gegen den sonst so
unangreifbaren von Tirpitz gefunden hat. Im Einvernehmen
mit dem Generalstab betreibt er eine massive Aufstockung
des Heeres. Die Heeresvorlage von 1913 ist so umfassend,
dass der finanzielle Spielraum für die weitere Flottenrüstung immer enger wird. Nach 16 Jahren Dominanz des
Flottenbaus wird jetzt der Schwerpunkt der Rüstungspolitik
wieder auf das Heer zurückverlegt. Ein deutlicher Dämpfer
für den Staatssekretär. Doch es wird noch schwieriger für
ihn.

Nicht nur aus dem Heer, sondern auch aus der Marine
selbst kommt immer mehr Widerspruch gegen den Tirpitzschen Kurs. Und auch hier nutzt der Reichskanzler die Kritik,
um gegen die irrwitzigen Hochrüstungspläne von Kaiser und
Staatssekretär vorzugehen. Bevor die Flotte durch weitere
Schiffsbauten immer größer und größer wird, so lauten die
kritischen Kommentare aus der Marine, sollten doch erst
einmal die schon vorhandenen Schiffe materiell und perso-
nell so ausgestattet werden, dass sie überhaupt einsatzfä-
hig sind. Daran gibt es nämlich erhebliche Zweifel. Aufgrund

der extrem hohen Kosten für die Neubauten wird beim Unterhalt der bestehenden Flotte eisern gespart. Es fehlt an allen Ecken und Enden. Viel zu wenig Personal für die riesigen Pötte ist vorhanden. Je mehr Schiffe dazu kommen, desto schwieriger wird die Situation. An die laufenden Kosten seiner Riesenflotte scheint der Großadmiral offenbar überhaupt nicht zu denken. Aber wozu will man eigentlich immer mehr und mehr Schiffe bauen, wenn man die Mittel für deren laufenden Unterhalt gar nicht aufbringen kann? Auch diese Kritikpunkte sind nicht neu, aber das Gegrummel in der Marine wird immer lauter. Irgendwie scheint die Ära von Tirpitz ihren Zenit überschritten zu haben.

Am 16. Oktober 1913 hält der Großadmiral im Reichsmarineamt einen Vortrag. Erstaunliches ist zu hören. Sein Flottenbauprogramm drohe zu scheitern, berichtet der Staatssekretär. Die im März beschlossene Heeresvermehrung ist dermaßen teuer, dass für den Flottenbau schlicht und ergreifend nicht mehr genug Geld vorhanden ist. Mindestens drei Großkampfschiffe pro Jahr muss Deutschland bauen, um gegenüber Großbritannien nicht vollkommen ins Hintertreffen zu geraten. Das ist aber mit den zur Verfügung stehenden Mitteln nicht mehr zu finanzieren. Wenn aber die drei Schiffe pro Jahr nicht erreicht werden, dann ist das ganze Flottenbauprogramm unsinnig. Eine schwierige Situation für den Großadmiral. Sein Gegenspieler Bethmann Hollweg scheint nun tatsächlich die Oberhand gewonnen zu haben. Von Tirpitz befürchtet jetzt umso mehr, dass sich der englandfreundliche Kurs des Reichskanzlers letzten Endes doch noch durchsetzen und Bethmann Hollweg das

Flottenbauprogramm einer deutsch-britischen Annäherung opfern könnte. Soweit darf es nicht kommen. In seiner Rede vollzieht von Tirpitz eine bemerkenswerte Wende. Bislang hat er sich immer gegen einen Krieg ausgesprochen, zumindest so lange der Flottenbau noch nicht abgeschlossen ist. Aber jetzt ändert er seine Meinung und wird vom Kriegsgegner zum Kriegsbefürworter. Damit nähert er sich seinem wichtigsten Unterstützer, dem deutschen Kaiser, an, der schon seit längerem davon überzeugt ist, dass ein Krieg über kurz oder lang kommen müsse. Von Tirpitz erklärt seinen Zuhörern, Deutschland müsse bald das Wagnis eines Weltkriegs eingehen, wolle es sich nicht mit dem Rang einer europäischen Kontinentalmacht zweiter Ordnung abfinden. Schließlich scheine es einer großen Nation würdiger, um das höchste Ziel zu kämpfen und vielleicht ehrenvoll unterzugehen als ruhmlos auf die Zukunft zu verzichten.

Der Meinungswechsel des Staatssekretärs ist in gewisser Weise symptomatisch. Die Auffassung, Deutschland solle den Krieg mit der Triple-Entente nicht länger scheuen, greift immer mehr um sich. Mit dem Großadmiral ist nun ein mächtiger Mann und ein einflussreicher Ratgeber des Kaisers zum Kriegsbefürworter geworden. Die Leichtfertigkeit, mit der von Tirpitz hier einen möglichen Untergang Deutschlands zumindest ins Kalkül zieht, ist erschreckend. Die Behauptung, eine Alternative zum Krieg bestünde nur im ruhmlosen Verzicht auf die Zukunft, dient offenbar zur Rechtfertigung dieser radikalen Konsequenz. Zunächst aber verzichtet von Tirpitz erst einmal auf seine Position, es dürfe keinen Krieg geben, solange die Flotte noch nicht fertiggebaut ist. Offenbar hat er eingesehen, dass dieses Ziel nicht mehr zu erreichen ist. Damit aber geht er nicht nur das Risiko ein, dass Deutschland in einem Krieg untergeht, sondern auch seine noch nicht fertiggestellte Flotte. Sein Meinungswandel bedeutet in gewisser Weise eine Kapitulation vor den Umständen. Nachdem er in den letzten Jahren ständig sowohl der Kritik ausgesetzt war, er ginge in seiner Radikalität viel zu weit, als auch der Kritik, er ginge noch nicht weit genug, hat er sich nun offenbar für eine noch radikalere Gangart entschieden. Lieber soll es einen Krieg mit den Briten geben als eine Verständigung. Krieg führen ist offenbar ehrenvoll, Verständigung ruhmlos. Besser riskiert man den Untergang der deutschen Hochseeflotte in einem Krieg, als dass man sie sich am Ende noch wegverhandeln lässt.

Als der Krieg einige Monate später tatsächlich beginnt, wird sich bald zeigen, wie berechtigt die Kritik am Tirpitzschen Flottenbauprogramm ist. Die deutsche Hochseeflotte wird zwar nicht untergehen, dies wird aber nicht so sehr an ihrer unüberwindlichen Stärke, sondern vor allem an ihrer Bedeutungslosigkeit für den Kriegsverlauf liegen. Großbritannien wird es gelingen, auf weite Distanz eine sehr effektive Seeblockade über Deutschland zu verhängen, gegen die die deutsche Marine nichts ausrichten kann. Nur zu einer einzigen bedeutenden Schlacht zwischen der deutschen Hochseeflotte und der britischen Grand Fleet wird es kommen, der Schlacht vor dem Skagerrak am 31. Mai und 1. Juni 1916. Trotz militärischer Überlegenheit der Briten wird sich die deutsche Hochseeflotte dabei recht erfolgreich schlagen, aber einen eindeutigen Sieger wird es nicht geben, und an der militärischen Lage ändern wird sich durch die Skagerrakschlacht auch nichts. Der Krieg der Großkampfschiffe ist ganz offensichtlich ineffektiv. Als sehr viel erfolgversprechender stellt sich dagegen der U-Boot-Krieg heraus, doch auf ihn hat man sich vor Kriegsbeginn nur vergleichsweise wenig vorbereitet. Als die Marineführung im Oktober 1918, als der Krieg schon verloren ist, der Hochseeflotte den Befehl gibt, zu einer großen Seeschlacht gegen die Royal Navy auszulaufen, weigern sich die Mannschaften, und es kommt es zum Matrosenaufstand in Kiel, der schließlich zur Novemberrevolution führt. Der Kaiser muss erleben, wie ausgerechnet seine geliebte Hochseeflotte zum Ausgangspunkt der Revolution wird. Als nach Kriegsende bekannt wird, dass die Alliierten die Übergabe der deutschen Hochseeflotte verlangen werden, kommt es im Juni 1919 schließlich zur Selbstversenkung. Dies wird das Ende der Kaiserlichen Hochseeflotte sein, die Wilhelm II. und sein Staatssekretär von Tirpitz über etliche Jahre und unter extremen Anstrengungen aufgebaut haben. Irgendwelche nennenswerten Effekte während des Krieges hatte sie nicht. Die Geschichtsschreibung wird über die Flottenbaupolitik Kaiser Wilhelms II. ein vernichtendes Urteil fällen.

Am 26. Oktober 1913 ist hoher Besuch zu Gast in der deutschen Botschaft in Wien. Kaiser Wilhelm höchst selbst gibt sich die Ehre und trifft mit dem österreichischen Außenminister Berchtold zusammen. Schon seit drei Tagen hält sich Seine Majestät zu Besuch in der Donaumonarchie auf, hat schon in Böhmen mit Thronfolger Franz Ferdinand und in Schönbrunn mit Kaiser Franz Joseph gesprochen. Nun ist der Außenminister an der Reihe. Nach den aufregenden Ereignissen der letzten Wochen gibt es viel zu bereden. Berchtold folgt aufmerksam den Worten des deutschen Kaisers und schreibt alles auf. So lässt sich im Rückblick genau nachvollziehen, was der höchste Repräsentant des Deutschen Reiches an diesem Tag dem österreichischen Außenminister zu sagen hat. Berchtold staunt. Gewiss, so manches aus der Thesenwelt Wilhelms II. ist ihm schon seit Längerem bekannt. Doch es gibt auch Überraschungen. Die Auffassung Wilhelms, dass ein Krieg zwischen Ost und West, zwischen Slawentum und Germanentum, wie der Kaiser meint, letztlich unvermeidlich sei, ist inzwischen nicht mehr ganz neu. Wilhelm trägt sie heute wieder vor. Doch irgendwie scheint sich seine Haltung radikalisiert zu haben. Für das mittlerweile so deutlich erstarkte Serbien, für das er noch vor nicht allzu langer Zeit so manches gute Wort übrig hatte, kann sich der Kaiser jetzt offenbar nur noch die Perspektive vollkommener Unterordnung vorstellen. Doch nicht nur die Serben sollen sich unterordnen, die Slawen insgesamt sind offenbar zu einer Existenz niederen Ranges verdammt. „Die Slaven seien nicht zum Herrschen geboren, sondern zum Dienen, dies müsse ihnen beigebracht werden", zitiert Berchtold später die Ausführungen des deutschen Staatsoberhaupts. „Und wenn sie glauben, dass ihr Heil von Belgrad zu erwarten sei, dann müsse ihnen dieser Glaube genommen werden. Mit Serbien könne es für Österreich-Ungarn kein anderes Verhältnis geben, als jenes der Abhängigkeit des Kleineren vom Größeren nach dem

Planetensysteme, wie überhaupt sich der Kaiser keine andere Orientierung am Balkan denken könne, als die Vormachtstellung der Monarchie gegenüber allen dortigen Staatswesen."

Ist dem Kaiser der Erfolg des Dreibunds bei der Herausdrängung Serbiens aus Albanien zu Kopfe gestiegen? Jedenfalls lässt er die Gelegenheit nicht aus, den österreichischen Außenminister darüber zu belehren, wie sich die Donaumonarchie den unliebsamen Nachbarn restlos gefügig machen könnte. Offenbar wäre eine Strategie von Zuckerbrot und Peitsche genau das richtige dafür. Man muss den Serben Geld und Hilfe anbieten, wo immer es geht, sie bei der Ausbildung ihrer Truppen unterstützen und ihnen Handelsbegünstigungen gewähren. Und gleichzeitig muss man ihnen klar machen, dass sie überhaupt keine Alternative dazu haben, sich vollständig der überlegenen Macht von Österreich-Ungarn zu unterwerfen. Die serbischen Truppen würden dann, so meint der Kaiser, Österreich-Ungarn zur Verfügung gestellt werden, und die Gefahr, dass sie auf der russischen Seite stehen, wenn der große Kampf Ost gegen West beginnt, wäre gebannt. Eigentlich alles doch ganz einfach, oder?

Berchtold ist verwundert. Er deutet an, dass das Ganze vielleicht doch nicht ganz so leicht sein dürfte, wie sich der deutsche Monarch das offenbar vorstellt. Die Serben hegen eine tiefe Animosität gegenüber Österreich-Ungern. So ohne weiteres werden sie sich wohl kaum einer österreichischen Dominanz unterwerfen. Und schon gar nicht werden sie ihre Truppen der Wiener Politik unterstellen. Für Belgrad wäre das völlig indiskutabel. Auch mit viel Freundlichkeit und Bestechung wird da kaum etwas zu machen sein. Der österreichische Außenminister glaubt nicht an die schöne neue Balkanwelt des deutschen Kaisers, in der sich ein pflegeleichtes Serbien der Donaumonarchie einfach unterwirft. Doch Wilhelm lässt sich nicht beirren. Die Serben, so stellt er klar, würden gar nicht gefragt werden. Man muss ihnen eben nur deutlich zu verstehen geben, wer die Macht hat auf dem Balkan. Und die hat Österreich-Ungarn, davon ist Wilhelm fest überzeugt. Alles andere zählt nicht. Sollten sich die Serben trotzdem verweigern, so müsse eben Gewalt angewendet werden. Denn, so zitiert Berchtold später den deutschen Monarchen, „wenn Seine Majestät der Kaiser Franz Joseph etwas verlangt, so muß die serbische Regierung sich beugen und tut sie es nicht, so wird Belgrad bombardiert und so lange okkupiert, bis der Wille seiner Majestät erfüllt ist." Des Weiteren erklärt Wilhelm: „Und das können Sie sicher sein, daß ich hinter Ihnen stehe und bereit bin, den Säbel zu ziehen, wann immer Ihr Vorgehen es nötig machen wird." Er macht eine Geste, als wolle er zum Säbel greifen. Berchtold hält all dies in seinen Aufzeichnungen fest. Sie zeigen einen deutschen Kaiser, der offenbar vor Kraft kaum laufen kann und mit markigen Worten die Sprache der Gewalt spricht. Vom deutschen Friedenskaiser, der stolz darauf ist, seit 25 Jahren ohne Krieg zu regieren, ist an diesem 26. Oktober 1913 in Wien nicht viel zu spüren. Der österreichische Außenminister kann nur staunen.

Es ist schon merkwürdig mit diesem deutschen Kaiser. Es ist noch nicht lange her, da hat er die Wiener Politik wegen ihrer serbienfeindlichen Haltung kritisiert und die österreichischen Sorgen bezüglich Serbiens für völlig übertrieben gehalten. Nun aber hören sich seine Vorschläge so an, als kämen sie aus dem Munde des ewig kriegswilligen und extrem serbienkritischen österreichischen Generalstabschef Conrad von Hötzendorf, mit dem sich Wilhelm ja Anfang September in Schlesien getroffen und offenbar blendend verstanden hat. Musste der deutsche Kaiser bezüglich Serbiens noch vor kurzem von den Österreichern regelrecht zum Jagen getragen werden, so scheint man ihn nun eher bremsen zu müssen. Er ist offenbar vom einen ins andere Extrem gefallen. Eines jedoch scheint sich trotz dieses fulminanten Wandels letzten Endes gleich geblieben zu sein: Wilhelm unterschätzt offenbar die Schwierigkeit der Situation auf dem Balkan und stellt sich die Lösung des Konflikts zu einfach vor. Die tiefwurzelnden Animositäten zwischen Österreich-Ungarn und Serbien sind weder durch ein paar Freundlichkeiten noch durch einen militärischen Paukenschlag zu überwinden. Eine Unterordnung Serbiens unter Österreich-Ungarn bleibt weiterhin unerreichbar und undenkbar. Der Versuch, sie mit Gewalt zu erzwingen, würde die Gefahr eines unkontrollierbaren politischen Flächenbrandes heraufbeschwören. Das Ergebnis eines solchen Flächenbrandes aber wäre völlig ungewiss. So eindeutig zu österreichischen Gunsten wie der Kaiser meint sind die Machtverhältnisse auf dem Balkan jedenfalls nicht verteilt.

Doch trotz dieser Kontinuität in der Unterschätzung der Balkanproblematik bedeutet der Sinneswandel Wilhelms II. aus österreichischer Sicht auf jeden Fall einen deutlichen Fortschritt. Hatte sich der deutsche Kaiser noch vor kurzem gegen die österreichische Politik gesträubt und sie für falsch gehalten, so will er jetzt auf jeden Fall mit ihr gehen. Seine Vertrauensbezeugungen gegenüber Kaiser Franz-Joseph und die Loyalitätsbekundungen gegenüber der Wiener Politik überschlagen sich geradezu. Das ist sehr wichtig für die Österreicher. Sie brauchen den Rückhalt der Deutschen, wenn sie gegenüber Serbien – und damit letztlich auch gegenüber Russland – künftig entschiedener auftreten wollen. Und das wollen sie ganz sicher. Der Erfolg in Albanien hat ja gezeigt, dass sich unerschrockenes Auftreten lohnt. Und dass daran angeknüpft werden muss, steht für Wien außer Frage.

Das Gespräch Wilhelms mit Berchtold schlägt noch einen großen Bogen und führt gedanklich über Rumänien, Bulgarien und die Türkei bis nach England und Russland. Berchtold spricht über die Gefahr eines revolutionären Umschwungs in Russland. Durch ihn würde die Monarchie nicht nur in Russland, sondern ganz allgemein bedrohen werden. Wilhelm erklärt, in diesem Falle würde ein Existenzkampf auf Leben und Tod einsetzen, in dem die deutsche und die österreichische Monarchie zusammenstünden, und in dem es schließlich gleichgültig sei, auf welche Weise der Gegner zu Grunde ginge. Markige Worte dieser Art fallen immer wieder in diesem Gespräch, das Berchtold später mit der Feststellung resümiert: „So oft sich während der fünfviertelstündigen Unterredung die Gelegenheit ergab, das Bundesverhältnis zu streifen, benützte Seine Majestät ostentativ den Anlaß, um zu versichern, daß wir voll und ganz auf Ihn zählen können. Dies war der rote Faden, der sich durch die Äußerungen des höchsten Herrn durchzog, und als ich beim Abschiede dies hervorhob und dankend quittierte, geruhte mich Seine Majestät zu versichern, daß, was immer vom Wiener Auswärtigen Amt komme, für Ihn Befehl sei…"

Das ist bemerkenswert: Was immer vom Wiener Auswärtigen Amt kommt, ist für den deutschen Kaiser Befehl? Wenn dieser Satz ernst gemeint ist – und das ist er offenbar –, dann bedeutet er ganz offenkundig nichts anderes als einen Blankocheck, den der deutsche Kaiser hier der Wiener Politik ausstellt, und der ihr quasi freie Hand einräumt, zu tun und zu lassen, was sie für richtig hält, und ihr dafür unbesehen die uneingeschränkte Unterstützung Deutschlands zusagt. Sie wird ihn im Juli 1914 einlösen.

Am 28. Oktober 1913 kommt es in der elsässischen Stadt Zabern zu einem Vorfall, der zunächst ganz unbedeutend erscheint, dann aber bald schon das ganze Reich erschüttern wird. Ein junger Leutnant, Günter Freiherr von Forstner, 19 Jahre alt, steht vor seinen Rekruten und lässt sich über die Elsässer aus. Zwar versieht er seinen Dienst im Elsass, aber er selbst ist kein Elsässer, und er kann die Elsässer auch nicht ausstehen. Damit steht er nicht alleine. Vielen national gesinnten Deutschen, insbesondere in der Armee, sind die Elsässer suspekt. Ganz offensichtlich hegen sie große Sympathien für die Franzosen, obwohl die doch jedem aufrechten Deutschen von je her Erbfeinde sind. Dabei müssten die Elsässer eigentlich froh sein, meinen viele Deutsche in den anderen Teilen des Reiches, dass sie 1871 nach dem Sieg Deutschlands über Frankreich vom Joch der Franzosen befreit worden und wieder zu Deutschland gekommen sind. Aber sie sind es nicht.

Dass die Elsässer ganz überwiegend Deutsch sprechen, und dass das Elsass im Mittelalter und in der Frühen Neuzeit etwa siebenhundert Jahre lang zum Deutschen Reich gehört hat, ist richtig. Insofern haben die Elsässer deutsche Wurzeln und gehören auf jeden Fall dem deutschen Kulturkreis an. Richtig ist aber auch, dass die Region dann schon im 17. Jahrhundert zu Frankreich gekommen und somit über zweihundert Jahre französisch gewesen war, bevor sie 1871 wieder deutsch wurde. Diese lange Zeit hat die Elsässer geprägt. Sie fühlen sich mit der französischen Kultur eng verbunden und haben die Eingliederung in das neu gegründete Deutsche Reich 1871 keineswegs als Befreiung empfunden. Das können viele Deutsche in den anderen Reichsteilen nicht verstehen. Und auch dieses Unverständnis hat nun schon fast wieder Tradition. Schon 1870 hatte Heinrich von Treitschke unter Berufung auf Ernst Moritz Arndt geschrieben, die Deutschen wüssten besser, was den Elsässern frommt, als jene Unglücklichen selber, die durch ihr französisches Leben verbildet seien. Wenn Preußens starke Hand sie aber erst einmal erzogen habe, dann, so glaubte von Treitschke, würden sie Deutschland lieben lernen. Bei der Reichsgründung hatten deutsche Nationalisten denn auch gemeint, man dürfe die Elsässer gar nicht erst fragen, ob sie wieder zu Deutschland gehören wollten oder nicht, sondern müsse sie gewissermaßen zu ihrem Glück zwingen. So geschah es dann auch. Besonders glücklich wurden die Zwangseingemeindeten damit allerdings nicht.

All dies liegt nun, 1913, schon wieder über vierzig Jahre zurück, und wohl die meisten Elsässer haben sich mit ihrer Zugehörigkeit zum Deutschen Reich mittlerweile längst arrangiert. Ihre Erinnerung an die Zugehörigkeit zu Frankreich dagegen ist nach so vielen Jahren natürlich schon ziemlich verblasst, und nur noch eine Minderheit der Elsässer hat überhaupt noch persönliche Erinnerungen an die französische Zeit. Daran, dass das Elsass eines Tages wieder an Frankreich zurückgehen könnte, ist mittlerweile kaum noch zu denken. Eine Rückgabe wäre eigentlich nur als das Ergebnis eines großen Krieges denkbar, in dem Frankreich Deutschland besiegt. Einen Krieg und viel Blutvergießen aber wollen die Elsässer nun wirklich nicht. So übel ist es unter der deutschen Herrschaft nun auch wieder nicht. Eigentlich ist es sogar ganz passabel. Und trotzdem: die Besonderheiten des Elsasses, die französische Prägung seiner Kultur, seine französische Lebensart, überhaupt sein ganzer frankophiler Zug, all das hat sich über die 42 Jahre seit der Reichsgründung tradiert und erhalten. Die über zweihundert Jahre französischen Einflusses lassen sich eben doch nicht so ohne weiteres aus der Welt schaffen. Wer aus den übrigen Reichsteilen ins Elsass kommt, spürt diesen Unterschied. Das Elsass ist irgendwie anders als das übrige Deutschland, französischer eben.

Wer nur etwas aufgeschlossen ist und an anderen Lebensweisen interessiert, der erfreut sich an dieser außergewöhnlichen deutsch-französischen Mischkultur, die es in dieser Form nur hier gibt. Den nationalistischen Kräften in Deutschland aber ist sie natürlich ein Dorn im Auge, denn sie widerspricht vollkommen ihrer Vorstellung von einer klaren Trennungslinie zwischen Deutschland und Frankreich und einer klaren Überlegenheit der deutschen Kultur vor jedem welschen Einfluss. Die französische Prägung der Elsässer muss weg, finden sie, und zwar vollständig. Die Elsässer müssen komplett deutsch werden, daran gibt es nichts zu rütteln. Ähnlich wie im Osten des Reiches gegenüber den Polen setzt man also auch hier im Westen gegenüber den Elsässern nun schon seit geraumer Zeit auf sogenannte Germanisierungsprogramme, die der Bevölkerung ein- für allemal das Deutsche ein- und das Französische austreiben sollen. Preußens starke Hand, von der von Treitschke gesprochen hat, versucht nun also tatsächlich, die Elsässer umzuerziehen. Die aber finden sich selbst eigentlich ganz gut so wie sie sind und wollen sich von den arroganten Preußen nicht umerziehen lassen. Besonders ärgert sie die extrem starke Präsenz des preußischen Militärs in ihrer Region, mit der sie tagtäglich konfrontiert sind. In keinem anderen Teil des Reiches sind so viele Soldaten stationiert wie ausgerechnet in Elsass-Lothringen. Das ist natürlich kein Zufall und erklärt sich zuerst einmal aus der Nähe zur französischen Grenze. Gegen den Erbfeind im Nachbarland ist die Wacht am Rhein natürlich stets auf der Hut. Doch das ist nicht alles. Die Elsässer spüren ganz genau, dass sie es auch selbst sind, gegen die sich das Misstrauen der Preußen richtet, und das gefällt ihnen natürlich gar nicht. Noch immer empfinden sie die preußische Armee als eine Art Besatzungsmacht, und immer wieder geben aufsässige Elsässer den Soldaten und Offizieren zu verstehen, was sie eigentlich von ihnen halten. Umgekehrt ist die elsässische Zivilbevölkerung bei den preußischen Armeeangehörigen ebenfalls entsprechend unbeliebt, sodass es nicht völlig überrascht, wenn es hier irgendwann einmal zu einem ernsten Konflikt kommt.

Das anhaltende Misstrauen der Führung des Reiches gegenüber den Elsässern kommt vor allem auch in deren politischer Bevormundung zum Ausdruck. Nach der Reichsgründung hatte Elsass-Lothringen nicht etwa den Status eines Bundesstaates erhalten, der der Region die gleichen Rechte wie den anderen Bundesstaaten eingeräumt hätte, sondern war Reichsland geworden – und ist es 1913, über vierzig Jahre nach der Reichsgründung, noch immer. Das bedeutet, dass die Region keine Eigenständigkeit besitzt, sondern direkt der Reichsleitung untersteht. Anstelle eines eigenen Landesherrn steht an der Spitze ein vom Kaiser eingesetzter Statthalter, und der vertritt vor allem die Interessen des Reiches gegenüber Elsass-Lothringen und nicht so sehr die Elsass-Lothringens gegenüber dem Reich. Wenn sich die Elsässer also vom Reich bevormundet fühlen, so haben sie dieses Gefühl ganz sicher nicht zu Unrecht. Erst vor zwei Jahren, 1911, ganze vierzig Jahre nach Reichsgründung, hat das Land eine eigene Verfassung und einen eigenen Landtag erhalten, und beide hatten erst hart erkämpft werden müssen.

Doch das Misstrauen der Reichsführung gegenüber den Elsässern ist damit keineswegs aus der Welt. Ganz im Gegenteil. Dass die Elsässer nun zwar eine eigene Verfassung haben, aber trotzdem immer noch unbeirrt an ihrer frankophilen Grundhaltung festhalten, wird an der Spitze des Reiches als Affront aufgefasst. Der Kaiser ist mal wieder schwer enttäuscht. Bei einem Diner im Mai letzten Jahres hat er dem Bürgermeister von Straßburg ganz offen gedroht, wenn die Dinge in Elsass-Lothringen so weiter gingen, dann würde die Verfassung wieder aufgehoben und Elsass-Lothringen Preußen einverleibt werden. Diese Drohung hatte hohe Wellen geschlagen, und Reichskanzler Bethmann Hollweg hatte wieder einmal alle Hände voll zu tun gehabt, um die aufsehenerregenden Äußerungen des Kaisers zu relativieren. Die Verfassungszustände in Elsass-Lothringen würden natürlich nicht infrage gestellt werden, hatte der Kanzler erklärt, und Reichstag und Bundesrat, die in einem solchen Falle ja eigentlich die entscheidenden Instanzen gewesen wären, würden vom Kaiser auch nicht übergangen werden. In der Tat kam es im weiteren Verlauf auch zu keiner Änderung des bestehenden Verfassungszustands, und die Verfassung Elsass-Lothringens blieb. Gleichwohl war den Elsässern nun deutlich vor Augen geführt worden, wie ihr Staatsoberhaupt tatsächlich über sie dachte, und wie er ihre Loyalität gegenüber dem Reich eigentlich einschätzte. Anderthalb Jahre später, im Herbst

1913, sind die Wogen inzwischen zwar deutlich geglättet, grundsätzlich geändert an der Situation hat sich aber nichts.

Dies also ist der Hintergrund, vor dem sich Leutnant von Forstner am 28. Oktober 1913 in einer Instruktionsstunde über die Elsässer mokiert. Er spricht zu seinen Rekruten und gibt Anweisung, wie sie sich zu verhalten haben, falls es zu Reibereien mit der Zivilbevölkerung kommt. Wenn sie während ihres Stadtgangs von elsässischen Zivilisten angegangen werden, sollen sie sich das auf gar keinen Fall gefallen lassen, gibt der junge Leutnant zu verstehen, sondern sich ihrer Haut erwehren und dabei ruhig ordentlich vom Seitengewehr, also vom Bajonett, Gebrauch machen. Dann wendet sich der Leutnant an einen Rekruten, von dem bekannt ist, dass er wegen einer Messerstecherei vorbestraft ist, und fügt hinzu: „Und wenn Sie dabei so einen Wackes über den Haufen stechen, schadet es auch nichts. Sie bekommen von mir dann noch zehn Mark Belohnung." Und der an seiner Seite stehende Korporalschaftsführer, ein Sergeant Höflich, sekundiert ihm noch, er würde auch noch drei Mark dazugeben. Deutlicher können Armeevorgesetzte wohl kaum werden, um klarzustellen, was sie von den Menschen halten, in deren Heimat sie stationiert sind. Gegen die aufmüpfigen Elsässer kann man durchaus Gewalt anwenden, so die unmissverständliche Botschaft des Leutnants. Das wird nicht nur verziehen, gibt er hier klar zu verstehen, sondern ist sogar ausdrücklich erwünscht. Die unverschämten Wackes haben nichts anderes verdient.

Dass der junge Leutnant dieses Schimpfwort für die Elsässer überhaupt gebraucht, ist allein schon ein klarer Verstoß gegen einen Regimentsbefehl. Der Ausdruck „Wackes" darf ausdrücklich nicht benutzt werden, da er von den Elsässern als Beleidigung empfunden wird – und genau so ist er ja auch gemeint. Dass es überhaupt eines solchen Befehls bedarf, ist natürlich an und für sich schon bezeichnend für die Stimmungslage unter den Vorgesetzten und wirft ein Schlaglicht auf den Ton, der den Elsässern in der preußischen Armee offensichtlich entgegenschlägt. Von Forstner benutzt den Ausdruck trotzdem, ohne deswegen offenbar irgendwelche Konsequenzen zu fürchten, schließlich sind grobe Sprüche und deftige Redensarten in der Armee auch sonst an der Tagesordnung, und nur selten wagen es Rekruten, sich wegen solcher Entgleisungen über ihre Vorgesetzten zu beschweren. Dabei weiß der junge Leutnant doch nur allzu genau, dass sich unter seinen Rekruten auch einige gebürtige Elsässer befinden, die sich von solchen Beleidigungen geradezu getroffen fühlen müssen. Doch auch das scheint ihn nicht weiter zu interessieren.

Bis vor zehn Jahren noch waren die im Elsass stationierten Soldaten gar nicht aus dem Elsass selbst heraus rekrutiert, sondern stammten allesamt aus verschiedenen anderen Reichsteilen, während die Elsässer ihren Dienst woanders ableisten mussten, gerade eben weil man sie für so unsichere Kantonisten hielt. Dann aber hatte man dieses von Misstrauen geprägte Prinzip ein Stück weit durchbrochen, und nun befinden sich eben auch einige Elsässer unter den Rekruten der ortsansässigen Truppen, und die wollen sich eine solche Unverschämtheit, wie sie ihnen Leutnant von Forstner an diesem Oktobertrag geboten hat, nicht einfach gefallen lassen, sondern sich zur Wehr setzen. Auch wenn vielleicht sonst in der Armee alle möglichen Beleidigungen von Vorgesetzten gegenüber Untergebenen vorkommen mögen, ohne dass irgendjemand irgendetwas dagegen unternimmt – diesmal soll es eben anders sein. Leutnant von Forstner scheint sich in seiner Position ja sehr sicher und offenbar unangreifbar zu fühlen. Er soll sich noch wundern.

November 1913

Am 6. November 1913 erscheint im *Zaberner Anzeiger*, einer kleinen elsässischen Lokalzeitung, ein Artikel, über dessen Inhalt bald in ganz Deutschland diskutiert werden wird. Es handelt sich um einen Bericht über die Äußerungen Leutnant von Forstners vor seinen Rekruten während der Instruktionsstunde vom 28. Oktober. Ganz offensichtlich haben empörte Teilnehmer dieser Instruktion die Redaktion informiert, und die hat das Ganze nicht etwa als provinzielle Petitesse abgetan, sondern als durchaus berichtenswertes Ereignis eingestuft. Und genauso bewerten es auch die Zaberner selbst. Der Artikel schlägt hohe Wellen. Zwei Tage später legt der *Zaberner Anzeiger* noch einmal nach, nennt nun auch die Namen von Leutnant von Forstner und Sergeant Höflich und fordert vom Regimentskommandeur Oberst von Reuter eine Erklärung zu der ganzen Angelegenheit. Der versucht sich nun mit einer schlichten Umdeutung des provokanten Schimpfwortes und behauptet, mit dem Wort „Wackes" habe Leutnant von Forstner gar nicht die Elsässer insgesamt gemeint, sondern nur die besonders Streitsüchtigen und Raufbolde unter ihnen. Doch mit solch unglaubwürdigen Ausflüchten lassen sich die Elsässer nicht aufs Glatteis führen. Sie wissen nur zu genau, wie es zu verstehen ist, wenn ein preußischer Offizier von den „Wackes" spricht. Gewiss, in der Elsässischen Sprache bedeutet der Begriff eigentlich nur so viel wie Strolch oder Taugenichts und beinhaltet keinerlei landsmannschaftliche Zuordnung. Außerhalb von Elsass-Lothringen aber wird er definitiv als Schmähwort für die Elsässer benutzt, und dass sein Gebrauch durch Regimentsbefehl ausdrücklich untersagt worden ist, spricht bereits Bände.

Dass man sie so für dumm verkaufen will, regt die Menschen in Zabern nur noch mehr auf. Sie sind so empört, dass sie auf die Straße gehen und protestieren. Massenhaft. Es kommt zu mehrtägigen Demonstrationen. Die Menschen fordern jetzt nachdrücklich die Strafversetzung des unverschämten jungen Leutnants, der durch seine beleidigenden Redensarten die ganze einheimische Bevölkerung gegen sich aufgebracht hat. Spätestens zu diesem Zeitpunkt wäre jetzt wohl eine Entschuldigung der Armee angebracht, um die Wogen vielleicht doch noch ein wenig zu glätten. Doch die kommt nicht. Und erst recht keine Strafversetzung Leutnant von Forstners. Ein solches Einknicken vor dem aufgestachelten Volk widerspräche denn wohl auch allzu sehr der Ehre des preußischen Militärs. Unter dem Kommandierenden General Berthold von Deimling gibt es keine

Entschuldigung, sondern nur harte Gegenreaktion. Und Leutnant von Forstner selbst ist offenkundig auch kein Mann der Deeskalation. Als wollten die Militärs unter Beweis stellen, dass wirklich jedes Wort aus der berüchtigten Instruktionsstunde genau so gemeint war, wie es gesprochen wurde, lassen sie, ganz ähnlich wie während der Instruktion empfohlen, die Soldaten mit aufgepflanztem Bajonett durch die Straßen marschieren. Dass das von der Bevölkerung nur als Provokation aufgefasst werden kann, muss ihnen klar sein. Doch das hält sie nicht ab. Schließlich werden in Zabern Maschinengewehre in Stellung gebracht. Sogar mit der Verhängung des Belagerungszustands wird gedroht. Innerhalb weniger Tage eskaliert die Situation in unwahrscheinlichem Maße.

Dass von Forstner mit dem Gebrauch des Wortes „Wackes" einen Regimentsbefehl missachtet hat, lässt sich indes nicht ganz vom Tisch wischen. Sechs Tage Hausarrest erhält er für seine Entgleisungen. Dann erscheint er wieder in Zabern auf der Bildfläche, beschimpft und beäugt von einer wütenden Öffentlichkeit, die sich am liebsten an ihm vergreifen würde, aber nicht an ihn herankommt, weil man ihm zu seinem Schutz eine Eskorte aus vier Soldaten beigegeben hat. Mit dieser Eskorte läuft er durch die Stadt als wäre nichts geschehen, geht in einen Laden und kauft sich Schokolade, während die wütende Menge zusieht und schäumt. Derweil kümmert man sich in der Armee darum herauszubekommen, wer die Äußerungen von Forstners an die Presse weitergegeben hat. Mehrere Angehörige aus der 5. Kompanie des Infanterieregimentes 99, der Einheit Leutnant von Forstners, werden schließlich festgenommen. Bei den Armeevorgesetzten empfindet man ganz offensichtlich nicht so sehr den Vorfall als solchen als einen Skandal, als vielmehr die Tatsache, dass er an die Öffentlichkeit gebracht worden ist. Der Verdacht richtet sich natürlich vor allem gegen die Elsässer unter von Forstners Rekruten. Alle Elsässer der Einheit, 31 Mann, werden nun in andere Truppenteile versetzt. Leutnant von Forstner dagegen bleibt an seinem Platz. Nicht der Vorgesetzte muss gehen, sondern seine Untergebenen.

Jetzt wird auch der Riss zwischen dem preußischen Militär und der elsässisch geprägten Zivilverwaltung in Elsass-Lothringen deutlich. Die Militärs verlangen von der Zivilverwaltung, sie solle mit Hilfe der Polizei die Ordnung wiederherzustellen. Doch die Polizei hält sich zurück. Sie will nicht der Ausputzer der Armee sein. Dort, wo sie dennoch Demonstrationen auflöst, macht sie das vergleichsweise behutsam. Die Verteidigung des frechen Leutnants ist nicht ihre Sache. Der Chef der Zivilverwaltung ist selbst Elsässer, und er sieht überhaupt keinen Grund, gegen die eigene Bevölkerung vorzugehen. Die Proteste sind nicht illegal, und die Menschen begehen keine Gesetzesverstöße, wenn sie friedlich demonstrieren, also ist auch kein Einschreiten nötig. Bei der Armee ist man außer sich vor Wut über diese windelweiche Haltung der Zivilisten. Wenn die Polizei nicht für Ordnung sorgt, so wird nun gedroht, dann müsse man dies eben selbst tun. Zivilverwaltung und Armee geraten heftig aneinander. Der Statthalter des Reichslands Elsass-Lothringen Carl Graf von Wedel verstrickt sich in einen erbitterten Konflikt mit dem Kommandierenden General Berthold von Deimling.

Als Statthalter ist von Wedel eigentlich eher ein Vertreter des Reiches in Elsass-Lothringen als ein Vertreter Elsass-Lothringens im Reich, und er ist vor allem dem Kaiser gegenüber verpflichtet, der ihn ins Amt berufen hat. Aber von Wedel ist ein feinfühliger und umsichtiger Mann, und er möchte das in Berlin so deutlich spürbare Misstrauen gegenüber den Elsässern keineswegs in eine entsprechend feindselige Politik vor Ort umsetzen. Ganz im Gegenteil, den Kampf der Elsässer für eine Gleichstellung ihrer Region mit den übrigen Teilen des Reichs sieht er mit viel Sympathie. Die zuletzt erreichten Fortschritte bei der Angleichung der Rechtsstellung Elsass-Lothringens an die der Bundesstaaten begrüßt er ausdrücklich. Diese Fortschritte sollen jetzt nach seinem Willen auf gar keinen Fall durch die Zabern-Affäre wieder zunichte gemacht werden. Kein Wunder also, dass von Wedel mit den so ganz auf Krawall gebürsteten Militärs aneinander gerät. Er schildert seine Position dem Kaiser. Doch der, so zeigt sich bald, vertritt in dieser Sache eine ganz andere Auffassung als sein Statthalter. Im Konflikt zwischen Armee und Zivilverwaltung steht er voll und ganz aufseiten der Armee, deren harte Haltung ihm imponiert. Das Oberhaupt des Deutschen Reiches macht sich also keineswegs für eine Deeskalation in Zabern stark. Der Konflikt geht weiter.

In der Presse entfaltet der Vorgang mittlerweile eine eigene Dynamik. Weitere Recherchen werden angestellt. Rekruten werden befragt. Es stellt sich heraus, dass es unter von Forstner schon früher zu Demütigungen von Untergebenen gekommen ist. So wurden in seiner Einheit etwa Rekruten mit elsässischer Herkunft angewiesen, sich mit den Worten „Ich bin ein Wackes" bei ihren Vorgesetzten zu melden. Die Behauptung, mit dem Wort „Wackes" habe von Forstner gar nicht die Elsässer im allgemeinen, sondern nur gewisse Raufbolde gemeint, ist damit noch unglaubwürdiger geworden. Und von Forstner selbst gießt jetzt ebenfalls noch mehr Öl ins Feuer. Nachdem die Affäre bereits ihren Lauf genommen hat und die Aufregung unter den Menschen schon groß ist, erklärt der Leutnant in einer weiteren Unterweisung seiner Rekruten mit Blick auf die Fremdenlegion: „Auf die französische Fahne könnt ihr meinetwegen scheißen!". Auch darüber berichten nun die Zeitungen. Regimentskommandeur Oberst von Reuter reagiert darauf mit einer Haussuchung beim „Zaberner Anzeiger" in der Hoffnung diesmal herauszubekommen, wer nun hier aus von Forstners Einheit zum erneuten male mit der Presse geplaudert hat. Doch die Haussuchung ergibt nichts und bringt der Armee nur zusätzlichen Ärger, denn sie erfolgte ohne jeglichen richterlichen Beschluss und war somit rechtswidrig. Die Einwohner Zaberns verhöhnen und verspotten derweil die preußischen Offiziere, wenn diese schwer gesichert durch Eskorten über öffentliche Straßen und Plätze gehen. Die Militärs aber lasen sich gar nicht gerne öffentlich auslachen. Es häufen sich jetzt willkürliche Verhaftungen durch die Armee, die offenbar mittlerweile die gesamte Einwohnerschaft Zaberns als feindlich betrachtet. Das kleine Städtchen im Elsass kommt nicht zur Ruhe.

Die Lage im elsässischen Zabern hat sich auch Ende November 1913 immer noch nicht beruhigt. Immer noch gehen preußische Offiziere nur mit Begleitschutz durch die Stadt, immer noch werden sie dafür von den Einwohnern verspottet und immer noch reagieren sie darauf mit willkürlichen Verhaftungen. Dabei kommt es mitunter zu grotesken und dramatischen Fällen. Ein noch ganz junger Mann, der eine Armeepatrouille ausgelacht haben soll, wird von den Soldaten verfolgt und schließlich aus der Wohnung einer alten Frau heraus verhaftet, wo er sich vor seinen Verfolgern unter dem Bett versteckt hatte. Am gleichen Tag, dem 28. November 1913, häufen sich die willkürlichen Verhaftungen durch das Militär in auffälligem Maße. Anscheinend ohne jeglichen Anlass werden auf der Straße offenbar zufällig angetroffene Zivilisten aufgegriffen und festgenommen. Das Verhalten der Armee scheint seltsam aggressiv und auf Konfrontation aus zu sein. Auf dem Platz vor dem Zaberner Rohan-Schloss, das der preußischen Armee als Kaserne dient, versammelt sich daraufhin eine aufgebrachte Menschenmenge, die sich das Vorgehen der Armee nicht mehr länger bieten lassen will. Diesen Protest vor ihrer Haustür aber wollen wiederum die örtlichen Armeeführer auf keinen Fall hinnehmen. Hartes Durchgreifen heißt jetzt ihre Devise.

Nachdem sich die Demonstration trotz mehrmaliger Aufforderung nicht aufgelöst hat, schreitet die Armee ein, vertreibt die Menge vom Platz und nimmt – ohne jede Rechtsgrundlage – eine Reihe von Verhaftungen vor. Ein

Teil der Verhafteten wird über Nacht im Pandurenkeller, dem unbeheizten und unbeleuchteten Kellerverlies des Rohan-Schlosses, festgehalten und kommt erst am nächsten Tag wieder frei. Die Armee verhängt den Belagerungszustand über die Stadt. Schwer bewaffnete Patrouillen marschieren durch die Straßen und nehmen immer weitere Verhaftungen vor. Dabei gehen sie außerordentlich brutal vor. Schläge und Kolbenstöße sind an der Tagesordnung. Der Verantwortliche für die ganze Aktion, Regimentskommandeur Oberst von Reuter, lässt keinen Zweifel daran, dass er ohne weiteres auch auf die Bevölkerung schießen lassen würde, wenn ihm dies opportun erschiene. Er sei es der Armee schuldig, ihr Respekt zu verschaffen, erklärt von Reuter – und er betrachte es als ein Glück, wenn jetzt Blut fließe. An solch brutaler Rohheit prallen alle Beschwichtigungsversuche von ziviler Seite ab an diesem 28. November 1913. Es bleibt nur ohnmächtiger Protest. Der Gemeinderat von Zabern etwa protestiert entschieden gegen die willkürlichen Verhaftungen von Zaberner Bürgern und wendet sich direkt an Kaiser Wilhelm, Reichskanzler von Bethmann Hollweg und Kriegsminister von Falkenhayn. Doch in der akuten Situation hilft das nichts. Die Willkürlichkeit der ganzen Aktion wird noch dadurch unterstrichen, dass sich unter den Verhafteten auch der Präsident, zwei Richter und ein Staatsanwalt des Zaberner Landgerichts befinden, die beim Verlassen des Gerichtsgebäudes rein zufällig in die Menschenmenge geraten waren. Die Empörung der Öffentlichkeit über diesen unerhörten Vorfall ist gewaltig und geht weit über Elsass-Lothringen hinaus. Die Ereignisse im kleinen Zabern erschüttern mittlerweile das ganze Reich.

Doch so unangemessen, brutal und rechtswidrig das Vorgehen der Armee am 28. November 1913 in Zabern auch sein mag – Oberst von Reuter erhält die volle Rückendeckung des Kommandierenden Generals Berthold von Deimling in Straßburg. Der findet es völlig richtig, dass hier ein Exempel statuiert wurde und die Armee in Zabern sich Respekt verschafft hat. Und von Deimling seinerseits wiederum erhält die volle Rückendeckung des Kaisers. Der gibt von Deimling ausdrücklich freie Hand bei der Aufrechterhaltung von Ruhe und Ordnung und erklärt, von Deimling solle es dabei an der nötigen Energie nicht fehlen lassen. Statthalter von Wedel wirft er dagegen völliges Versagen vor. Am 30. November 1913 treffen der preußische Kriegsminister Erich von Falkenhayn, General von Deimling und einige andere ranghohe Offiziere beim Kaiser in Donaueschingen ein, wo sich der Kaiser zur Jagd befindet. Sechstägige Beratungen über den Fall Zabern beginnen. Statthalter von Wedel darf nicht teilnehmen. Der Kaiser will erst einmal nur mit den Vertretern der Armee sprechen. Die Zivilisten sind allenfalls später dran. Selbst Reichskanzler von Bethmann Hollweg, dem die Unangemessenheit des militärischen Vorgehens in Zabern natürlich völlig klar ist, und der auf den Kaiser gerne entsprechend einwirken würde, ist erst einmal abgemeldet. Die erste Parteinahme Wilhelms II. fällt dann denn auch ganz eindeutig und ganz einseitig allein zugunsten des Militärs aus. Das ist einerseits kein Wunder, denn genauso wie die preußischen Offiziere in Elsass-Lothringen versteht sich auch Kaiser Wilhelm in Berlin als Militär, der den windelweichen Zivilisten mit ihren kleinlichen Vorbehalten klar überlegen ist und sich im Zweifelsfall über sie hinwegsetzen muss. In das gleiche Schema scheint nun auch das militärische Vorgehen in Zabern zu passen. Andererseits erscheint die Unverhältnismäßigkeit und Unrechtmäßigkeit dieses Vorgehens vielen Beobachtern so eklatant, dass sie sich fragen, ob der Kaiser demgegenüber wirklich so vollkommen blind sein kann. Muss Seine Majestät nicht erkennen, dass die örtlichen Armeeführer in Zabern hier völlig über die Stränge geschlagen und die Bevölkerung auf brutale Weise malträtiert haben? Fürs erste allerdings lässt Wilhelm keinerlei Einsichten dieser Art erkennen. Die brutale Aktion in Zabern hält er offenbar für durchaus gelungen.

Während in Donaueschingen mit dem Kaiser über die aktuellen Vorgänge diskutiert wird, entwickeln sich die Dinge in Elsass-Lothringen weiter. In Zabern hält das Militär die Stadt noch immer fest im Griff, aber im übrigen Elsass-Lothringen rührt sich der Widerstand gegen die Willkürherrschaft der preußischen Armee nun umso stärker. Die Kunde von den unerhörten Vorgängen in Zabern hat die Empörung der Elsässer auch andernorts angefacht und ihre Bereitschaft, gegen die Zustände im Reichsland auf die Straße zu gehen, nun erheblich erhöht. Auch die Parteien nehmen sich jetzt intensiv des Themas an und protestieren lautstark gegen das Verhalten der Armee in Zabern. Waren es in den ersten Jahren nach der Reichsgründung noch vor allem kleine regionale Parteien mit klarem landsmannschaftlichem Bezug, die in Elsass-Lothringen gewählt wurden, so wählen die Menschen mittlerweile nun auch hier ganz überwiegend die einschlägig bekannten Parteien aus dem Reich wie Zentrum, SPD und Fortschrittspartei, die hier allerdings nach wie vor eine gewisse landsmannschaftliche Eigenständigkeit haben. Darin drückt sich ein Stück weit die gelungene politische Integration der Elsässer ins Reich aus, und umgekehrt wenden sich diese Parteien nun auch gegen die weitere Ausgrenzung Elsass-Lothringens aus dem Reich, wie sie noch immer von einigen reichsdeutschen Politikern und Beamten, vor allem aber von der preußischen Armee betrieben wird. Am 30. November 1913 findet in Mülhausen eine Versammlung der SPD mit etwa 3.000 Teilnehmern statt, die gegen die Übergriffe der Armee in Zabern protestiert. In einer Resolution wird der Staat als Militärdiktatur bezeichnet und dazu aufgerufen, entschieden für eine Änderung der bestehenden Verhältnisse einzustehen. Mit der Aktion zwei Tage zuvor ist der Widerstand der Elsässer gegen die wie eine Besatzungsmacht agierende preußische Armee also keineswegs gebrochen. Ganz im Gegenteil, er hat neue Nahrung erhalten. Die Militärs haben mit ihrem Vorgehen einen Sturm der Entrüstung losgetreten. Und der wird sich nicht so schnell wieder legen.

Dezember 1913

„Immer feste druff" lautet der Text eines Telegramms, das Oberst von Reuter mitten in der Zabern-Krise erhält. Es stammt von keinem geringeren als vom ältesten Sohn Kaiser Wilhelms II., Kronprinz Friedrich Wilhelm, dem voraussichtlich nächsten Deutschen Kaiser. Der Kronprinz ist so angetan vom harten Vorgehen der Armee in Zabern, dass er seine Begeisterung offenbar nicht zurückhalten kann und den Zaberner Regimentskommandeur auf diese Weise anfeuern will. Aus dessen Sicht wiederum kann das Telegramm nur so gedeutet werden, dass man an allerhöchster Stelle mit seiner eisenharten Haltung höchst zufrieden ist und weiterhin Härte und Entschlossenheit von ihm erwartet. Und genauso ist es ja auch. Der Kaiser ist überzeugt, dass die ganze Zabern-Affäre ein Produkt französischer Propaganda ist, und dass sich die Elsässer nur allzu gern von den Franzosen haben aufputschen lassen. Die deutsche Zivilverwaltung in Elsass-Lothringen, so meint Wilhelm, hat hier vollkommen versagt. Und natürlich ist auch die deutsche Presse der französischen Propaganda voll auf den Leim gegangen und macht nun aus einem Maulwurfshügel einen Berg, bläst die harmlosen Äußerungen eines jungen Leutnants zu einem Skandal auf. Nicht die preußische Armee ist also schuld an den Vorgängen in Zabern, sondern die Zivilverwaltung. Sie hat der französischen Propaganda nichts entgegengesetzt. Die Armee dagegen hat ihr Bestes getan, um die Situation zu retten und die Autorität Deutschlands gegenüber den aufmüpfigen Elsässern wiederherzustellen. Jetzt den örtlichen Armeeführern auch noch Vorhaltungen zu machen wäre wirklich das allerletzte. Der Kaiser denkt hier ganz ähnlich wie sein Sohn. Das Telegramm des Kronprinzen wird, nachdem es durch Indiskretion bekannt geworden ist, noch für große öffentliche Aufregung und Diskussionen sorgen. Doch noch bleibt es unbekannt. Nur der Empfänger erfährt von seinem Inhalt und darf sich ermutigt fühlen.

Derweil normalisieren sich die Verhältnisse in Zabern wieder ein wenig. Von Donaueschingen aus, wo der Kaiser mit Kriegsminister von Falkenhayn und General von Deimling über die Situation in Zabern spricht, wird General Kühne in die kleine elsässische Stadt beordert, der am 1. Dezember 1913 die Zivilgewalt wieder einsetzt und die Militärpatrouillen, die noch immer täglich durch die Straßen ziehen, zurückzieht. Der Belagerungszustand in Zabern wird damit beendet. Reichskanzler von Bethmann Hollweg kann also wenigstens ein bisschen aufatmen. Noch immer kann er kaum Einfluss auf die weitere Entwicklung in Zabern nehmen, weil der Kaiser meint, es handle sich um eine rein militärische Angelegenheit, die den Zivilisten Bethmann Hollweg eigentlich nichts anginge. Also muss der Kanzler versuchen, die Dinge indirekt zu beeinflussen, etwa über Kriegsminister von Falkenhayn. Dass in Zabern nun wieder die Zivilgewalt regiert, ist für ihn schon ein erster Erfolg. Gleichwohl steckt der Kanzler in der Klemme. Er weiß genau, welch ungeheure politische Brisanz in der Zabern-Affäre steckt, und dass das Vorgehen der Militärs in Zabern völlig inakzeptabel war. Eigentlich wären eine Entschuldigung der Armeeführung und die Bestrafung der Verantwortlichen mehr als überfällig. Diese Position aber, auch das weiß der Kanzler natürlich, wird er beim Kaiser niemals durchsetzen können. Es wird schon schwer genug werden, den Kaiser von einer Politik abzubringen, die das Verhalten der Armee vorbehaltlos unterstützt. Als Reichskanzler ist er politisch an den Kaiser gebunden und kann selbst nur das öffentlich vertreten, was auch die Billigung Seiner Majestät gefunden hat. Das könnte sehr schwierig werden in diesem Fall.

In Zabern hingegen sollten sich die Dinge eigentlich nun so langsam wieder beruhigen. Tun sie aber nicht. Es ist wie verflixt. Obwohl der Belagerungszustand beendet ist und die Armeepatrouillen aus der Stadt zurückgezogen wurden, erhält die Aufregung der Bevölkerung immer wieder neue Nahrung. Als Leutnant von Forstner am 2. Dezember 1913 mit einem Armeetrupp durch ein Dorf in der Nähe von Zabern marschiert, erkennen ihn plötzlich einige Arbeiter einer Schuhfabrik und brechen in höhnisches Gelächter aus. Von Forstner will sich das nicht bieten lassen und gibt Anweisung, die Arbeiter festzunehmen. Doch die sind schneller als die Soldaten und können dem Zugriff entkommen. Nur ein gehbehinderter Schustergeselle ist zu langsam und wird erwischt. Während ihn die Soldaten festhalten tritt von Forstner auf ihn zu und zieht ihm den Säbel über den Kopf. Blutüberströmt bricht der junge Mann zusammen. Mit dieser unmenschlichen Bluttat verschafft sich von Forstner Genugtuung und liefert zugleich der Öffentlichkeit den nächsten Skandal. Die Nachricht von diesem erneuten Zwischenfall verbreitet sich im Handumdrehen, und eine neue Welle der Empörung geht durch das Land. Es ist einfach keine Ruhe in die ganze Zabern-Geschichte zu kriegen!

Das soll nun vor allem der Kanzler zu spüren bekommen. Bethmann Hollweg ist nicht zu beneiden. Am 3. Dezember 1913 muss er vor den Reichstag treten und sich für das Vorgehen der Armee in Zabern verantworten, obwohl ihn persönlich am Verhalten der Militärs keine Schuld trifft und er eigentlich auch selbst dieses Verhalten für vollkommen inakzeptabel hält. Aber das sagt er nicht. Er kann es nicht sagen, denn im Regierungssystem des Kaiserreichs ist der Kanzler der Politik des Kaisers verpflichtet, und der steht nach wie vor voll hinter der Armee. Also muss Bethmann Hollweg vor den Reichstagsabgeordneten nun etwas rechtfertigen, was er eigentlich nicht rechtfertigen möchte. Er tut es nur lauwarm und zögerlich macht dabei eine ausgesprochen unglückliche Figur. Seine Erklärungsversuche stoßen im Plenum auf Empörung. Die Redner von SPD, Zentrum und Fortschrittlicher Volkspartei hauen dem Kanzler seine Argumente um die Ohren. Als Kriegsminister von Falkenhayn das Wort ergreift und sich voll und ganz auf die Seite der Armee stellt, gießt er noch mehr Öl ins Feuer und facht die aufgestachelte Stimmung im Plenum noch weiter an. Die Mehrheit der Abgeordneten sieht es völlig anders: Das Verhalten der Armee in Zabern war durch und durch rechtswidrig und darf im Reichstag nicht gutgeheißen werden! Bethmann Hollweg und von Falkenhayn stehen auf verlorenem Posten.

Dabei hatte doch der Kanzler bei Zeiten versucht, den Kaiser zu warnen und ihm die Brisanz der ganzen Zabern-Affäre vor Augen zu führen. Der aber war wieder einmal beratungsresistent gewesen, hatte sich das Gerede des Kanzlers eigentlich gar nicht recht anhören wollen und die Brisanz der Situation vollkommen unterschätzt. Jetzt ist das Kind in den Brunnen gefallen, und ausbaden muss es wieder einmal der Kanzler, obwohl der doch am wenigsten kann für die Politik der letzten Tage und Wochen. Immerhin hat er es wenigstens erreicht, dass der Kaiser gegenüber General von Deimling noch einmal unmissverständlich klargestellt hat, dass dieser bei seinen Maßnahmen gegenüber der Bevölkerung in Elsass-Lothringen streng im Rahmen der geltenden Gesetze bleiben muss. Eigentlich eine Selbstverständlichkeit, sollte man meinen, aber die Klarstellung erscheint dem Kanzler trotzdem mehr als nötig.

Am folgen Tag geht das Drama im Reichstag weiter. Die Abgeordneten haben sich auf den Kanzler eingeschossen. Dabei ist es doch eigentlich der Kaiser, dessen Politik sie treffen wollen. Doch der ist unangreifbar und außerdem nicht vor Ort, während Bethmann Hollweg den Attacken der Abgeordneten schutzlos ausgesetzt ist. Er gilt jetzt als Sprachrohr des Kaisers und muss dafür bluten. Der Reichstag zeigt sich entschlossen und macht von der Möglichkeit eines Misstrauensvotums gegen den Kanzler Gebrauch, ein Instrument, das neu ist im Parlament und bisher noch nie genutzt worden ist. Mit 293 gegen 54 Stimmen bei vier Enthaltungen spricht der Reichstag dem Kanzler das Misstrauen aus. Nur noch die Konservativen stimmen für ihn, obwohl die ihn doch sonst eigentlich viel zu liberal und verweichlicht finden. Das bedeutet nun nicht gleich, dass Bethmann Hollweg zurücktreten muss, denn im Kaiserreich gibt es ja nach wie vor kein parlamentarisches Regierungssystem, und der Kanzler ist nicht vom Vertrauen des Parlaments, sondern von dem des Kaisers abhängig. So argumentiert Bethmann Hollweg auch vor dem Plenum. Dennoch ist er nach dieser Aktion politisch schwer angeschlagen. Die SPD fordert offen seinen Rücktritt. Er muss sich gut überlegen, ob es für ihn noch sinnvoll ist, weiter zu machen. Doch Bethmann Hollweg macht weiter. Alles andere wäre auch mit seinem Pflichtgefühl und seiner Loyalität gegenüber der Krone kaum zu vereinbaren. Würde er jetzt dem Misstrauensvotum nachgeben, dann wäre das ein unübersehbares Signal für eine Parlamentarisierung des Reiches. Die aber will insbesondere Wilhelm II. auf gar keinen Fall. So sehr der Kaiser auch sonst in letzter Zeit an seinem Kanzler herumnörgelt, gerade jetzt wird er ihn ganz bestimmt nicht fallenlassen!

Einen Tag nach dem Misstrauensvotum treffen sich Bethmann Hollweg, General Deimling und Statthalter von Wedel zur Krisensitzung beim Kaiser in Donaueschingen. Die Stimmung ist äußerst angespannt. Vor allem die Nerven von Statthalter von Wedel liegen blank. Er ist jeden Tag vor Ort in Elsass-Lothringen mit der Wut der Menschen konfrontiert, die die Ohnmacht der Zivilverwaltung angesichts der Willkürherrschaft der preußischen Armee endgültig satt haben. Man muss den Menschen endlich zeigen, so ist von Wedel überzeugt, dass im Reichsland Elsass-Lothringen Recht und Gesetz herrschen, und dass das Militär eben nicht tun und lassen kann, was es will. Doch Wilhelm sieht das natürlich alles ganz anders. Durchsetzungskraft und Härte gegen die von französischer Propaganda aufgehetzten Elsässer hält er jetzt für angesagt. Von Wedel weiß ganz genau, was der Kaiser von ihm hält. Aus Sicht des Monarchen ist der Statthalter in Elsass-Lothringen viel zu lasch und schwächlich. Von Wedel will sich diese weltfremde

Kritik aber nicht mehr bieten lassen. Irgendwann explodiert er. Er schreit den Kaiser und General Deimling an und droht mit Rücktritt der gesamten elsässischen Landesregierung.

Wilhelm ist es nicht gerade gewohnt, angeschrien zu werden. Normalerweise ist er es, der andere in Gesprächsrunden zusammenfaltet. Aber der Ausbruch des Statthalters hat offenbar Eindruck auf ihn gemacht. Der Kaiser erkennt, wie ernst es von Wedel mit seiner Rücktrittsdrohung ist. Ein Rücktritt der elsässischen Landesregierung aber wäre eine Bankrotterklärung für die Politik des Reiches in Elsass-Lothringen. Sie muss auf jeden Fall verhindert werden. Wilhelm schlägt vor, die im Zaberner Rohan-Schloss stationierten Bataillone auf einen Truppenübungsplatz zu verlegen und sagt zu, dass Leutnant von Forstner und Regimentskommandeur Oberst Reuter für ihr Verhalten in Zabern bestraft werden. Die Rücktrittsdrohung von Wedels ist damit vom Tisch, und auch die Stellung Bethmann Hollwegs wird dadurch gerettet, denn bei einem Rücktritt der gesamten elsässischen Landesregierung hätte sich auch der Kanzler wohl nicht mehr halten können. Mit seinen Zugeständnissen in letzter Minute hat der Kaiser einen totalen Schiffbruch seiner Politik gerade noch einmal abwenden können. Kanzler und Statthalter atmen auf. Aber der Kaiser hätte das Ganze viel billiger haben können, wenn er früher auf die Warnungen aus seinem Umfeld reagiert hätte.

Für Bethmann Hollweg ist damit allerdings noch lange nicht alles wieder gut. Sein ramponiertes Ansehen im Parlament wird sich so schnell nicht wiederherstellen lassen. Die SPD hält an ihrer Rücktrittsforderung gegenüber dem Kanzler fest, auch wenn ihr Versuch, den Haushalt im Reichstag scheitern zu lassen und Bethmann Hollweg dadurch zu Fall zu bringen, misslingt. Gleichzeitig geht der öffentliche Protest gegen die Vorgänge in Zabern weiter und hat inzwischen nahezu ganz Deutschland erfasst. Fast überall im Reich organisiert die SPD in den großen Städten Kundgebungen gegen das Vorgehen der Militärs in der elsässischen Stadt. Die Kritik, die sich an der Zabern-Affäre entzündet hat, geht dabei mittlerweile weit über den konkreten Fall hinaus und zielt ganz grundsätzlich auf die überragende Rolle des Militärs im politischen Gefüge des Reiches ab. Aus einer regionalen Affäre im Elsass ist eine Verfassungskrise mit reichsweiter Bedeutung geworden. Auf einmal wird in aller Öffentlichkeit als zentrales Thema und mit Nachdruck die Frage diskutiert, ob sich die politischen Verhältnisse im Reich nicht fundamental ändern müssten. Müsste nicht der Einfluss der Armee massiv zurückgedrängt und die politische Führung des Reiches viel stärker an die Mehrheitsmeinung des Volkes gebunden werden? Es ist eine Diskussion, die dem Kaiser überhaupt nicht gefällt, die er aber durch seine lange Ignoranz in der Zabern-Affäre selbst mit heraufbeschworen hat. Das Jahr seines fünfundzwanzigsten Thronjubiläums, das eine so große Bedeutung für Wilhelm II. hat, endet für ihn mit einem innenpolitischen Desaster.

Zum Autor

Florian Giese, 1970 in Berlin geboren, hat Geschichte und Politikwissenschaft studiert und war Wissenschaftlicher Mitarbeiter eines Bundestagsabgeordneten und Referent beim Beauftragten der Bundesregierung für die Angelegenheiten der Neuen Bundesländer. Er befasst sich mit Themen der deutschen Zeitgeschichte, zahlreiche Publikationen zur Geschichte des geteilten Deutschlands und der Stadt Berlin.